MEDITAÇÃO

Guia Sobre Como Meditar Para Pessoas Ocupadas
Para Curar Depressão, Ansiedade E Estresse

(Como Meditar Guia Para Iniciantes Para
Aumentar A Energia)

Lew Woźniak

Traduzido por Daniel Heath

Lew Woźniak

Meditação: Guia Sobre Como Meditar Para Pessoas Ocupadas Para Curar Depressão, Ansiedade E Estresse (Como Meditar Guia Para Iniciantes Para Aumentar A Energia)

ISBN 978-1-989837-53-5

Termos e Condições

De modo nenhum é permitido reproduzir, duplicar ou até mesmo transmitir qualquer parte deste documento em meios eletrônicos ou impressos. A gravação desta publicação é estritamente proibida e qualquer armazenamento deste documento não é permitido, a menos que haja permissão por escrito do editor. Todos os direitos são reservados.

As informações fornecidas neste documento são declaradas verdadeiras e consistentes, na medida em que qualquer responsabilidade, em termos de desatenção ou de outra forma, por qualquer uso ou abuso de quaisquer políticas, processos ou instruções contidas, é de responsabilidade exclusiva e pessoal do leitor destinatário. Sob nenhuma circunstância qualquer, responsabilidade legal ou culpa será imposta ao editor por qualquer reparação, dano ou perda monetária devida às informações aqui contidas, direta ou indiretamente. Os respectivos autores são proprietários de todos os direitos autorais não detidos pelo editor.

Aviso Legal:

Este livro é protegido por direitos autorais. Ele é designado exclusivamente para uso pessoal. Você não pode alterar, distribuir, vender, usar, citar ou parafrasear qualquer parte ou o conteúdo deste ebook sem o consentimento do autor ou proprietário dos direitos autorais. Ações legais poderão ser tomadas caso isso seja violado.

Termos de Responsabilidade:

Observe também que as informações contidas neste documento são apenas para fins educacionais e de entretenimento. Todo esforço foi feito para fornecer informações completas precisas, atualizadas e confiáveis. Nenhuma garantia de qualquer tipo é expressa ou mesmo implícita. Os leitores reconhecem que o autor não está envolvido na prestação de aconselhamento jurídico, financeiro, médico ou profissional.

Ao ler este documento, o leitor concorda que sob nenhuma circunstância somos responsáveis por quaisquer perdas, diretas ou indiretas, que venham a ocorrer como resultado do uso de informações contidas neste documento, incluindo, mas não limitado a, erros, omissões, ou imprecisões.

Índice

Parte 1 1
Deixe O Seu Por Que Encontrar Você 2
MITOS DA MEDITAÇÃO 4
Desculpas - Falta De Conhecimento 5
250 BENEFÍCIOS DA MEDITAÇÃO 6
Um Hábito Dos Melhores 23
Parte 2 26
Introdução 27
Capítulo 1: O Que É Meditação? 29
O QUE É MEDITAÇÃO? 29
QUAL É SUA HISTÓRIA? 30
QUEM PODE PRATICAR MEDITAÇÃO? 30
EM QUE A MEDITAÇÃO AJUDA? 31
POR QUANTO TEMPO DEVE SER PRATICADA? 32
É REALMENTE ÚTIL? 32
EM QUANTO TEMPO OS RESULTADOS PODEM SER APROVEITADOS? 33
É SUSTENTÁVEL? 33
Capítulo 2: Mitos Da Meditação 35
#MEDITAÇÃO É DIFÍCIL 35
#UMA MEDITAÇÃO BEM SUCEDIDA EXIGE UMA MENTE QUIETA 36
#OBTER OS BENEFÍCIOS DA MEDITAÇÃO LEVA ANOS DE PRÁTICA DEDICADA 38
#MEDITAÇÃO É ESCAPISMO 39
#VOCÊ NÃO TEM TEMPO SUFICIENTE PARA MEDITAR 40
#MEDITAÇÃO EXIGE CRENÇAS RELIGIOSAS OU ESPIRITUAIS 42
#VOCÊ PRECISA EXPERIMENTAR ELEMENTOS TRANSCEDENTAIS EM SUA MEDITAÇÃO 43

Capítulo 3: A Meditação E Seus Benefícios 45
BENEFÍCIOS MENTAIS 45
BENEFÍCIOS DA MEDITAÇÃO PARA A SAÚDE FÍSICA 54
Capítulo 4: Iniciando 57
Preparação Para Meditar 57
DIGA NÃO ÀS DESCULPAS 63
ENCONTRANDO A POSTURA CORRETA 66
SENTANDO EM UMA CADEIRA 70
AJOELHANDO, USANDO UMA TRAVESSEIRO OU UMA ALMOFADA ... 72
SENTANDO DE PERNAS CRUZADAS 75
MÁS POSTURAS 82
Capítulo 5: Técnicas De Meditação Para Autoconsciência E Relaxamento 87
TÉCNICAS BÁSICAS DE MEDITACÃO 87
INSTRUÇÕES 88
MEDITAÇÃO TRANSCENDENTAL 93
MEDITAÇÃO YOGA 94
MEDITAÇÃO EM CAMINHADA 95
BENEFÍCIOS DA MEDITAÇÃO EM MOVIMENTO 99
Capítulo 6: Meditações Sentadas 113
MEDITAÇÃO BUDISTA 115
MEDITAÇÃO HINDU 126
MEDITAÇÃO CHINESA 150
MEDITAÇÃO CRISTÃ 170
MEDITAÇÃO GUIADA 178
COMO PRATICAR 180
TÉCNICAS REVIGORANTES DE MEDITAÇÃO 182
Visualização *182*
Meditação Hipnótica *183*
Meditação Cardíaca *184*
Capítulo 7: Saindo Da Meditação 186

Capítulo 8: Praticando A Meditação Diariamente............ 189

Capítulo 9: Superando Os Desafios................................ 196

Conclusão 199

Parte 1

DEIXE O SEU POR QUE ENCONTRAR VOCÊ

Caro Leitor,
Bem-vindo. Eu escrevi este livro com apenas um objetivo em mente: ajudá-lo a começar,hoje. E não apenas começar, mas continuar a meditar dia após dia, até que você comece a obter os resultados e benefícios que esta atividade tem para oferecer.

Nos últimos anos, estudei as melhores técnicas de meditação. Não só isso, eu também testei algumas das melhores que estão lá fora. Acredite, você encontrará milhares de livros e ideias sobre como começar, mas eu dou vida a este livro para que você descubra porque começar.

A maioria das pessoas acha que a meditação é importante e que, de alguma forma, é útil. Porém, algumas delas nunca começam, enquanto outras começam e continuam por apenas alguns dias ou semanas e param de fazê-lo. Por quê?

FALTA DE RAZÕES. FALTA DE FINALIDADE. FALTA DE CONHECIMENTO

Este livro é quase todo sobre conhecimento. Eu me esforçava muito para tornar a meditação diária um hábito. Mas, acredite, quando eu me deparei com todas as razões que eu tinha para fazer isso, eu imediatamente parei o que estava fazendo e comecei a meditar naquele exato momento, por apenas alguns minutos. Esse foi o meu ponto de ruptura. Foi quando comecei. E eu continuei na prática, diariamente, por quase 3 anos.

Nas próximas páginas, abordaremos alguns dos mitos da meditação, as desculpas que as pessoas usam para nunca começarem, e continuaremos avançando para os 250 Benefícios da Meditação. Por favor, leia-os de verdade. Destaque cada um que pareça interessante. **Deixe suas razões encontrarem você e VÁ AO ENCONTRO DELAS!**

Nos capítulos finais, eu vou revelar a maneira mais rápida para começar a meditar de uma vez por todas. Tenham uma boa leitura!

MITOS DA MEDITAÇÃO

Meditação esvazia a mente
Não. De fato, quando você começa a meditar, pode acontecer exatamente o oposto.
Eu tenho que sentar de uma maneira específica
Não. Para meditar, você pode se sentar em qualquer lugar, apenas tente não se deitar completamente pois você pode pegar no sono.
Eu tenho que meditar por uma hora inteira por dia
Não. Isso não é mandatório. Quando você começa, pequenas doses são mais que suficientes.
Para meditar eu deveria cantar em outro idioma, ou usar mantras
Não necessariamente. Existem muitas técnicas para aperfeiçoar a meditação. Mas, por agora, para começar, silêncio é tudo de que precisamos.
A meditação é religiosa

Verdade seja dita, a meditação é algo além das religiões e culturas.
A meditação é estranha
Bem, é só sentar e respirar, o que há de errado com isso?
Para meditar, devo usar roupas especiais
Sem comentários.

DESCULPAS - FALTA DE CONHECIMENTO

"Não consigo meditar", por quê?
Quando medito, sinto que minha mente pensa em minhas preocupações. Outros conseguem mediar, mas eu só experiencio caos, barulho, pensamentos e emoções.
Não se preocupe. Meu conselho é: Não se preocupe com o que você sente durante a meditação. O que realmente importa é como você se sente depois dela e durante o resto do dia.
Não consigo ficar quieto, sentado por muito tempo.

Isso é perfeitamente normal. Quando se está começando, se você precisar se mover, faça isso.

Não tenho tempo para meditar
Se você tiver tempo para comer, você pode meditar. Sem comida, você morre, então você tem que fazer isso. É uma GRANDE RAZÃO, você não acha? É o mesmo princípio com a meditação. Encontre as GRANDES RAZÕES para fazer isso, e você sempre encontrará tempo suficiente para fazer, todos os dias.

250 BENEFÍCIOS DA MEDITAÇÃO

Procure aqueles que chamem sua atenção. Lembre-sede destacar e escrever algumas notas, se necessário.
Eu quero fazer um adendo:**eu não inventei estes benefícios**. Eu apenas compilei os melhores que eu encontrei em livros, web sites, e outras fontes. **Eu quero dar o crédito aos especialistas e às organizações que fizeram a pesquisa e obtiveram os resultados**. Você *encontrará*

uma lista dos colaboradores, organizações, e web sites ao final deste livro.

1. Meditação ajuda a reduzir os sintomas da síndrome do pânico
2. Aumenta a concentração de matéria cinzenta no cérebro
3. Meditação melhora profundamente a vigilância psicomotora
4. A meditação pode diminuir a necessidade de sono
5. Meditação melhora seu foco
6. Melhora a atenção
7. Melhora a capacidade de trabalhar sob estresse
8. Meditação melhora o processamento de informações
9. Melhora a tomada de decisões
10. Meditação dá força mental
11. Meditação constrói resiliência
12. Melhora a inteligência emocional
13. Meditação faz você mais forte contra a dor
14. Meditação alivia a dor melhor que a morfina

15. Meditação ajuda a controlar o TDAH (Transtorno do Déficit de Atenção e Hiperatividade)
16. A meditação de atenção plena melhora a memória para acontecimentos recentes
17. Meditação previne que você caia na armadilha de praticar múltiplas tarefas ao mesmo tempo frequentemente
18. Meditação prepara você para lidar com eventos estressantes
19. Meditação aumenta a percepção de seu subconsciente
20. A meditação de atenção plena estimula a criatividade
21. Meditação reduz risco de doenças cardíacas e acidente vascular cerebral
22. Meditação afeta genes que controlam o estresse e a imunidade
23. O treinamento de atenção plena diminui distúrbios inflamatórios
24. A prática da atenção plena ajuda a prevenir e tratar a asma
25. Previne a artrite reumatoide
26. Previne doença intestinal inflamatória

27. Meditação e oração meditativa ajudam a tratar a síndrome pré-menstrual
28. Ajuda a tratar sintomas da menopausa
29. O treinamento da atenção plena é útil para pacientes diagnosticados com fibromialgia
30. Meditação ajuda a controlar a frequência cardíaca
31. Ajuda a controlar a frequência respiratória.
32. A meditação da atenção plena pode ajudar até mesmo no tratamento do HIV.

"Pesquisadores da Universidade da Califórnia, campus de Los Angeles, relatam que a prática da meditação de atenção plena inibiu a degeneração das células T CD4 em pacientes HIV-positivos que sofrem de estresse, retardando a progressão da doença"

33. Meditação de atenção plena reduz o risco de doença de Alzheimer
34. Diminui o risco de morte prematura
35. Meditação pode fazer você viver mais
36. Pode reduzir a síndrome metabólica

37. Ajuda a controlar os efeitos de trauma
38. Reduz a pressão sanguínea
39. Reduz a aterosclerose
40. Reduz o espessamento das artérias coronárias
41. Reduz a isquemia miocárdica
42. Ajuda a controlar e prevenir a ansiedade
43. Ajuda a controlar o colesterol
44. Ajuda a tratar a epilepsia
45. Ajuda você a criar novos hábitos
46. Cria um estado de profundo descanso no corpo e mente
47. Aumenta a resistência da pele
48. Melhora a clareza do pensamento
49. A meditação da bondade amorosa também reduz o isolamento social
50. Meditação aumenta sentimentos de compaixão
51. Meditação diminui a preocupação
52. A meditação de atenção plena diminui sentimentos de solidão
53. A meditação reduz a ingestão emocional, o que previne a obesidade.
54. Reduz os sintomas de depressão
55. Reduz o estresse somático

56. Reduz a hostilidade e conflitos com as pessoas
57. Reduz a ansiedade
58. Reduz a reatividade
59. Reduz o uso de substâncias
60. Aumenta a retenção cognitiva
61. Aumenta o autocuidado
62. Aumenta o otimismo e as emoções positivas
63. Aumenta os sentimentos de felicidade
64. Aumenta o sentimento de bem-estar
65. Melhora habilidades sociais
66. Melhora o sono
67. Melhora a autoconsciência
68. Melhora o desempenho acadêmico
69. Os meditadores são mais capazes de influenciar a realidade ao seu redor, em um nível quântico
70. Há também alguns relatos de meditação de atenção plena melhora sua vida sexual
71. Reduz o preconceito de raça e idade
72. Ajuda em doenças crônicas, como alergias, artrite, etc.
73. Reduz sintomas da síndrome pré-menstrual.

74. Ajuda na recuperação pós-operatória
75. Constrói independência
76. Reduz a atividade de vírus e sofrimento emocional
77. Aumenta a energia
78. Aumenta a força
79. Ajuda na perda de peso
80. Reduz radicais livres, ameniza o dano nos tecidos
81. Reduz os níveis de colesterol
82. Reduz o risco de doença cardiovascular.
83. Melhora o fluxo de ar para os pulmões, resultando em respiração mais fácil.
84. Diminui o processo de envelhecimento
85. Eleva os níveis de DHEAS (dehidroepiandrosterona)
86. Previne, retarda ou controla a dor de doenças crônicas
87. Faz você suar menos
88. Cura dores de cabeça e enxaquecas
89. Aumenta a disciplina no funcionamento do cérebro
90. Reduz a necessidade de cuidados médicos
91. Reduz a energia desperdiçada

92. Dá motivação para esportes, atividades
93. Alivia significativamente a asma
94. Melhora o desempenho em eventos esportivos
95. Normaliza a seu peso ideal
96. Harmoniza o sistema endócrino
97. Relaxa o sistema nervoso
98. Produz duradouras e benéficas alterações na atividade elétrica do cérebro
99. Cura a infertilidade (os estresses da infertilidade podem interferir com a liberação de hormônios que regulam a ovulação).
100. Constrói autoconfiança.
101. Aumenta o nível de serotonina, influencia o humor e o comportamento.
102. Resolve fobias e medos
103. Ajuda você a controlar seus pensamentos
104. Ajuda com o foco e concentração
105. Aumenta a criatividade
106. Aumenta a coerência das ondas cerebrais.

107. Melhora a habilidade de aprendizagem
108. Melhora a memória.
109. Aumenta os sentimentos de vitalidade
110. Aumenta a estabilidade emocional
111. Melhora relacionamentos
112. A mente envelhece mais lentamente
113. Facilita a erradicação dos maus hábitos
114. Desenvolve a intuição
115. Aumenta a produtividade
116. Melhora as relações em casa & no trabalho
117. Faz com que você se torne capaz de analisar de forma mais ampla uma dada situação
118. Ajuda a ignorar questões mesquinhas
119. Aumenta a capacidade de resolver problemas complexos
120. Purifica o seu caráter
121. Desenvolve a força de vontade
122. Aperfeiçoa a comunicação entre os dois hemisférios do cérebro

123. Torna as reações mais rápidas e mais eficazes ao lidar com eventos estressantes.
124. Aumenta a capacidade de percepção e o desempenho motor
125. Aumenta a taxa de desenvolvimento da inteligência
126. Aumenta a satisfação pelo trabalho
127. Aumenta a capacidade de estreitar os laços com entes queridos
128. Dimunui potencialmente as doenças mentais
129. Aprimora o comportamento em sociedade
130. Reduz a agressividade
131. Ajuda a parar de fumar
132. Elimina o vício em álcool
133. Reduz a necessidade e dependência de drogas, medicamentos e produtos farmacêuticos
134. Ajuda a precisar de menos sono para se recuperar da privação de sono
135. Ajuda seu corpo a precisar de menos tempo para pegar no sono
136. Ajuda a curar a insônia

137. Aumenta o senso de responsabilidade
138. Reduz a raiva na estrada
139. Diminuio pensamento frenético
140. Diminui a tendência a se preocupar
141. Aumenta as habilidades de ouvir
142. Melhora a empatia
143. Ajuda a fazer julgamentos mais precisos
144. Aumenta a tolerância
145. Dá compostura para agir com consideraçao e contrutividade
146. Suscita uma personalidade estável e mais equilibrada
147. Desenvolve a maturidade emocional
148. Ajuda a manter as coisas em perspectiva
149. Proporciona paz de espírito, felicidade
150. Ajuda você a descobrir seus propósitos
151. Aumenta a auto-atualização.
152. Aumenta a compaixão
153. Aumenta a sabedoria
154. Aprofunda a compreensão de si e dos outros

155. Harmoniza corpo, mente e espírito
156. Aprofunda o nível do relaxamento espiritual
157. Aumenta a aceitação de si mesmo
158. Ajuda a aprender a perdoar
159. Torna você uma pessoa mais atraente
160. Muda sua atitude em relação à vida
161. Cria um relacionamento mais profundo com o seu Deus
162. Ajuda a alcançar o esclarecimento
163. Aumeanta a dirigibilidade interna
164. Ajuda a viver no momento presente
165. Cria uma capacidade de ampliação e aprofundamento para o amor
166. Descoberta do poder e consciência além do ego
167. Ajuda a experienciar um sentimento interior de "garantia ou conhecimento"
168. Dá uma sensação de "Unidade"
169. Aumenta a sincronicidade em sua vida
170. Ajuda a obter controle sobre a vida
171. Melhora a imaginação
172. Melhora a autodisciplina
173. Constrói o respeito próprio

174. Melhora o desempenho em testes escolares
175. Melhora o QI e o nível de inteligência
176. Cria motivação intrínseca
177. Desperta sua mente
178. Torna sua vida mais fácil
179. Ajuda você a conhecer melhor a si mesmo
180. Ajuda a expandir a zona de conforto
181. Ajuda você a pensar além dos limites
182. Acalme sua mente
183. Constrói novas conexões neurais no cérebro
184. Melhora a vivacidade
185. Ajuda a manifestar desejos
186. Melhora a auto-estima
187. Acelera as atualizações para seu cérebro
188. Às vezes é melhor do que tirar uma soneca
189. Aperfeiçoa a resolução de problemas
190. Melhora a auto-imagem
191. É uma forma escape do mundo

192. Ajuda tratar traumas do passados
193. Conecta você com o universo
194. Melhora a capacidade de visualização
195. Ajuda a conhecer e guiar seu ego
196. Ajuda a ver o seu potencial
197. Aguça suas habilidades
198. Melhora o valor próprio
199. É fundamental para o crescimento pessoal
200. Altera sua atitude em segundos
201. Melhora a interpretação da vida
202. É um tempo para si mesmo
203. Aprimora a qualidade do pensamento
204. Ajuda a ganhar precisão
205. Ajuda a remover bloqueios mentais
206. Constrói uma personalidade muito mais positiva
207. Ajuda a superar a timidez
208. Vai sentir-se relaxado e agir naturalmente em qualquer circunstância
209. Ajuda a destruir crenças limitantes
210. Ajuda a aprofundar a capacidade do cérebro

211. É um fluxo constante de ideias (para negócios, família, comunidade, etc.)
212. Gerencia a raiva e outras emoções negativas
213. Melhora a linguagem corporal
214. Melhora o tom da linguagem
215. Ideal para o planejamento e a realização do objetivo
216. Transforma o sofrimento em compreensão
217. Ajuda você a superar perdas e situações difíceis
218. Ajudas na produção de hormones saudáveis
219. Ajuda você a ter a menta mais aberta
220. É útil especialmente quando estiver entediado
221. Constrói assertividade
222. Ajudas você a superar o medo de falar em público
223. Programa sua mente para conduzi-lo a situações que podem incrementar suas possibilidades de sucesso
224. Aumenta a determinação

225. Ajudará você a melhorar qualquer área da sua vida
226. Melhora a respiração.
227. Aumenta a esperança
228. Constrói fé
229. Aprimora a inteligência
230. Reduz a agressividade quando se está dirigindo
231. Reduz a SPA, conhecida como Síndrome do Pensamento Acelerado, que culmina em estresse, nervosismo e ansiedade.
232. Conecta você com níveis mais elevados de pensamento
233. Aumenta a coragem e a perseverança
234. Constrói confiança para o futuro
235. Diminui tensões musculares
236. Quando necessário, melhora sua capacidade de praticar múltiplas tarefas efetivamente
237. Ajuda você a superar o vício no celular
238. Isso ajuda você a superar o vício em pornografia

239. Ajuda você a superar o medo do fracasso
240. Você vai se sentir bem e bonito
241. Ao meditar, você economiza tempo. Tempo de estresse, de medo, e de inabilidade agir.
242. Ao meditar, você economiza dinheiro. Dinheiro que você gasta regularmente em coisas sem importância
243. A meditação é um daqueles hábitos que não requerem muito tempo.
244. A meditação pode dar-lhe respostas a suas perguntas mais profundas
245. Constrói integridade
246. Trará ordem a sua vida
247. Ajudará você a conseguir mais em menos tempo

248. VAI TRANSFORMAR A SUA VIDA

249. NÃO TEM NENHUM EFEITO COLATERAL

250. É TOTALMENTE GRÁTIS

Reserve um tempinho para escrever ou pensar em pelo menos 5 benefícios que

são particularmente importantes para você:

```
┌─────────────────────────────────┐
│                                 │
│                                 │
│                                 │
│                                 │
│                                 │
└─────────────────────────────────┘
```

UM HÁBITO DOS MELHORES

Aqui, vamos à lista de pessoas famosas que meditam. Talvez este hábito pode se relacionar de alguma forma ao sucesso que adquiriram.
Tim Ferris
Angelina Jolie
Arnold Schwarzenegger
Huge Jackman
Mary Tyler Moore
Paul McCartney

Nicole Kidman
Oprah Winfrey
Tony Robbins
Ben Harper
Goldie Hawn
Katie Perry
Steve Jobs
George Lucas
Eva Mendes
Ellen DeGeneres
Lena Dunham
Lenny Kravitz
Kimora Lee Simmons
Jeff Goldblum
Kristen Bell
Laura Dern
George Harrison
Martin Scorsese
Jane Fonda
Naomi Watts
Howard Stern
Heather Graham
John Lennon
Ringo Starr
Russell Simmons
Jack Canfield

Shirley MacLine

Parte 2

Introdução

Eu agradeço e parabenizo você por baixar este eBook.

O corpo humano é composto pelo corpo físico, a alma e a mente. As três partes precisam estar alinhadas e unidas de modo a conduzir a uma vida pacífica. Mas considerando a quantidade de stress, tensão e desgaste físico pelo qual as pessoas passm, torna-se impossível que os três elementos se unam.

Deixá-los desconectados pode levar as pessoas a viver uma vida em risco e assim, a necessidade do momento é fazer uso de uma técnica que ajude a cultivar consciência tranquila e alcançar um estado de completo relaxamento.Uma excelente técnica é a meditação. Meditação é uma prática conhecida por ajudar a alinhar mente, corpo e alma e, neste livro, observamos detalhadamente seus vários aspectos.

Também observamos algumas práticas meditativas e o que você deve fazer para meditar diariamente, além dos vários benefícios mentais, físicos e emocionais que a meditação pode oferecer.

Antes de aprendermos as especificidades da meditação, pode ser importante estabelecer um fundamento sólido para ajudá0lo a saber o que há para você desde o início. Para começar, vamos aprender informações básicas sobre meditação.

Capítulo 1: O que é Meditação?

Meditação é uma prática considerada tanto uma arte quanto uma ciência. É arte porque exige do praticante o uso de seu poder de concentração e uma ciência porque diz unir mente, corpo e espírito.Neste primeiro capítulo, lançamos um olhar sobre tudo o que diz respeito à meditação respondendo algumas perguntas básicas sobre o tema.

O que é Meditação?

Meditação é uma prática antiga que, dizem, tem suas origens na Índia. Monges e gurus a utilizavam para alcançar paz de espírito e manter as várias doenças físicas e mental à distância.Então, a Meditação expandiu-se para a China, consequentemente para os países europeus e, hoje, é praticada em todo o mundo por pessoas de todas as classes sociais, credos e religiões.A meditação envolve principalmente sentar e treinar a mente a fazer o que lhe é instruído, de modo a obter controle sobre ela, bem como sobre o corpo.

Qual é sua História?
A história da meditação remonta a 1500 a.C, onde foram encontradas evidências de sacerdotes Hidus envolvidas em "Dhyana". Dhyana diz respeito a um estado de transe, no qual o indivíduo concentra-se em nada além do controle da mente e faz uso dela para controlar os diversos órgãos do corpo.
No século 6 a.C, a prática seguiu para a China Taoísta, sendo reconhecida e adotada pelos Budistas. Em 1227, os japoneses viajaram à China e levaram a arte com eles para o Japão, onde ela conquistou imensa popularidade. No século XVIII, ela seguiu para a Europa e, consequentemente, espalhou-se para outras partes do mundo. Hoje, a meditação é praticada por milhares de pessoas, incluindo cidadãos comuns e celebridades.
Quem pode praticar Meditação?
Qualquer pessoa interessada em levar uma vida pacífica pode iniciar meditação. Não há qualquer restrição e diferente da yoga e outras rotinas semelhantes, não é

pedido às pessoas que realizem qualquer exercício físico. Desde a escola até a faculdade, de crianças e trabalhadores até idosos, qualquer um pode começar a meditar a qualquer momento da vida. Na verdade, não há restrição de idade, gênero ou religião e pessoas de qualquer parte do mundo, em qualquer idade, pode começar.

Em que a Meditação ajuda?
Meditação tem vários benefícios. Não apenas ajuda mentalmente, mas também física e emocionalmente. A quantidade de vantagens que o ser humano pode obter por meio da meditação chega às centenas. De lutar contra doenças mentais como stress e ansiedade até curar ou reverter doenças físicas como diabetes e pressão alta, meditação é tida como uma das formas mais úteis e confiáveis de permanecer saudável.Ela ajuda a estabelecer um alto nível de autoconsciência e aumentar felicidade interna.

Por quanto tempo deve ser praticada?
Meditação deveria ser um estilo de vida e não uma mera ferramenta a ser usada para combater uma condição. A maioria das pessoas começa quando sentem que precisam de algo que as ajude com uma situação, mas é importante notar que a meditação pode ser iniciada a qualquer momento e mesmo na ausência de um problema mental ou físico.Uma vez que a pessoa inicie a meditação, ele ou ela não sente vontade de abandoná-la.
É realmente útil?
Sim. É extremamente útil. Diversos estudos foram desenvolvidos sobre a forma da arte e evidências sólidas foram estabelecidas, que provam que a meditação tem não apenas efeitos de curto prazo, mas também a longo prazo na mente e no corpo do indivíduo. Meditando apenas duas vezes ao dia, as pessoas podem aproveitar os benefícios e construir um corpo forte, capaz de lidar com problemas tanto mentais quanto físicos.

Em quanto tempo os resultados podem ser aproveitados?
Os resultados dependem do seu tipo de corpo e quanto esforço você está colocando na prática. Se você está se esforçando pouco e meditando por não mais do que cinco minutos por dia, pode levar algum tempo para que os resultados apareçam. Mas se você se dedica por mais de 20 minutos duas vezes ao dia, seus resultados surgirão mais rapidamente.

É sustentável?
Sim. A meditação é sustentável. Pode ser praticada por muito tempo e preferencialmente, por toda a vida. Assim que você começa, não terá vontade de abandonar e continuará com o hábito por bastante tempo. As pessoas geralmente começam na juventude e seguem pela vida toda.

Ao passo que a meditação é uma prática realmente popular, também é marcada por mitos que por vezes tornam difícil o começo para iniciantes. Vamos detonar alguns desses mitos apenas para acabar as dúvidas no que diz respeito à prática de meditação:

Capítulo 2: Mitos da Meditação

Durante os últimos quarenta anos, a meditação tem estado no centro da cultura ocidental moderna, com recomendações de médicos e todos a aceitando, desde militares, professores e estudantes, até cientistas, artistas e até mesmo políticos. No entanto, apesar da crescente popularidade, há alguns equívocos sobre a prática que impedem que muitas pessoas experimentem a meditação e obtenham os benefícios profundos que ela tem sobre o corpo, espírito e mente. A seguir, alguns dos mitos mais comuns sobre meditação, desmistificados.

#Meditação é difícil

Este mito é baseado na percepção de que a meditação é uma prática esotérica, reservada para adeptos espirituais, homens sagrados, santos. A verdade é que quando se está sob a orientação de um professor com bastante conhecimento e experiência, a meditação pode ser divertida e fácil de aprender. Além disso, as técnicas podem ser bastante simples, como repetir um mantra silenciosamente ou concentrar em sua respiração. Uma das principais razões pelas quais as pessoas acham a meditação muito difícil é porque elas tentam muito manter o foco, não estão certas de que estão fazendo isso direito, ou estão preocupadas demais com os resultados.

#Uma meditação bem sucedida exige uma mente quieta

Este é provavelmente o mito mais comum que as pessoas tem sobre meditação, e este é o motivo pela qual as pessoas param, devido à frustração. A meditação não tem a ver com esvaziar a mente ou parar seus pensamentos. Qualquer uma dessas abordagens leva a mais envolvimento em diálogo interior e stress. Enquanto não é possível controlar ou interromper seus pensamentos, você pode determinar quanto de atenção você quer dar a elas. É impossível inclinar sua mente a se aquietar, mas a meditação provê uma quietude interior que existe entre seus pensamentos. Este espaço entre seus pensamentos é conhecido como a pausa, e é basicamente pura paz, puro silêncio e pura consciência. Durante a meditação, é pedido que você use um objeto de foco, por exemplo um mantra, uma imagem, ou sua respiração. Isso permite sua mente se organizar no fluxo calmo da consciência. Quando você experimenta os pensamentos penetrando sua mente, como elas devem fazer, você não precisa rejeitá-las ou julgá-las. Pelo contrário, você gentilmente muda sua atenção para seu objeto de foco. Durante cada meditação, há certos momentos em que sua mente mergulha no espaço, experimentando a reenergização da pura consciência, mesmo que apenas por frações de segundo. Continuando a meditação, você se descobrirá passando mais tempo nesse estado expandido de silêncio e consciência.

Tenha em mente que mesmo que você se sinta como se estivesse preocupado com seus pensamentos durante sua meditação, você ainda está colhendo os benefícios associados a ela. Você não desperdiçou seu tempo ou fracassou. Estar consciente de que você está tendo pensamentos pode ser o pensamento mais significante que você teve até agora, uma vez que antes disso, você pode ter estado relativamente ignorante sobre seus pensamentos. Você provavelmente tinha a impressão de que você era seus próprios pensamentos. O simples ato de estar consciente deles é um grande ponto de virada, uma vez que começa a mudar seu foco interno do seu ego para a consciência observada. À medida em que você se desapega das suas histórias e pensamentos, você se abre para novas possibilidades e experimenta uma grande paz.

#Obter os benefícios da meditação leva anos de prática dedicada

Na verdade, os benefícios da meditação são de longo prazo e imediatas. Você pode começar a experimentar alguns benefícios durante sua primeira meditação, e nos primeiros dias. Diversos estudos científicos mostraram que a meditação tem profundos benefícios na mente e fisiologia do corpo após poucas semanas de prática.

#Meditação é escapismo
A meditação não objetiva se desconectar e escapar de tudo, mas sintonizar e conectar com seu eu real – aquele elemento inerente a você que vai além das circunstâncias externas e em constante mudança da vida.A meditação é um meio pelo qual você mergulha na superfície agitada da sua mente, que está geralmente sobrecarregada de preocupações sobre o futuro e pensamentos repetitivos sobre o passado, e cruza o ponto da pura consciência. Esse sentimento de consciência transcendente permite que você liberte todas as histórias e pensamentos que você tem se contado sobre onde você desaponta, o que limita você, e quem você é.Como resultado disso, você percebe a profunda verdade de que seu verdadeiro eu é sem limites e infinito

Com a continuidade da prática, você limpa as janelas da dúvida e sua precisão se expande. Algumas pedssoas tendem a usar a meditação como um método para escapar e ignorar questões emocionais não resolvidas, mas essa abordagem é contraproducente para as habilidades ensinadas sobre mindfulness e meditação. Na verdade, há diversas técnicas específicas de meditação desenvolvidas para liberar, mobilizar e identificar toxicidade emocional acumulada. Caso você esteja lidando com trauma, ou confusão emocional, é aconselhável consultar um terapeuta para ajudá-lo(a) a explorar e lidar com a dor do passado de forma segura, de modo a voltar para seu estado natural de amor e integridade.

#Você não tem tempo suficiente para meditar

Você ficaria surpreso ao descobrir que há executivos extremamente ocupados que nunca perderam uma única sessão de meditação nos últimos vinte e cinco anos. O truque é fazer da prática uma prioridade e você vai conseguir isso. Se sua agenda aparenta já estar lotada, tenha em mente que mesmo poucos minutos de meditação podem ser o suficiente. É aconselhável não se desencorajar da meditação porque você está se sentindo muito sonolento, ou porque está um pouco tarde. Em um estilo de vida paradoxal, quando você passa algum tempo meditando regularmente, você na verdade ganha mais tempo. Durante a meditação, você mergulha na área de consciência, sem espaço e sem tempo – o estado de completa consciência de onde vem tudo o que é manifestado no universo. Seus batimentos cardíacos e respiração desaceleram, sua pressão arterial cai, e seu corpo restringe a secreção de hormônios do stress, bem como outras químicas que aceleram o processo de envelhecimento. A meditação deixa você em um estado de alerta pacífico, que é extremamente rejuvenecedor para sua mente e corpo.Quando você se apega à seu ritual de meditação, na verdade você se descobrirá alcançando mais fazendo menos. Em vez de sacrificar tanto tempo para alcançar seus objetivos, envolva-se em poucos minutos estando "no fluxo" – em harmonia como a inteligência universal que coordena tudo.

#Meditação exige crenças religiosas ou espirituais
A meditação pode levá-lo além do discurso barulhento da sua mente, para o silêncio e quietude. Você não precisa ter uma determinada crença espiritual, e a prática é adotada por diferentes pessoas, de variadas práticas religiosas sem entrar em conflito com suas crenças religiosas. Na verdade, alguns praticantes de meditação são agnósticos ou ateus – eles não tem uma crença religiosa específica. Elas se envolvem em meditação como uma ferramenta para experimentar calma interna, bem como para obter os diversos benefícios mentais e físicos associados à prática, como sono reparador, redução do stress, e redução da pressão arterial.A meditação ajuda as pessoas a enriquecer suas vidas. Ela ajuda a aproveitar o que quer que você faça na vida com mais alegria e satisfação – seja avançar em sua carreira, cuidar dos filhos, ou praticar esportes.

#Você precisa experimentar elementos transcedentais em sua meditação

É comum que as pessoas se sintam desencorajadas quando elas não experimentam iluminação, ouvem um coro de anjos, levitam, veem cores, ou tem visões durante a meditação. Embora seja possível ter uma variedade de experiências maravilhosas durante a meditação, incluindo sentimentos de unidade e perfeita felicidade, elas não são a ideia por trás de prática. Os benefícios reais são aqueles que você experimenta quando está seguindo com seu cotidiano. Quando você sai da meditação, você leva consigo um pouco do silêncio e tranquilidade da prática, permitindo que você seja mais amoroso, centrado, compassivo, e criativo consigo mesmo e todos que você encontrar.

Ao embarcar na jornada para a meditação, as instruções seguintes podem ser úteis:

*Não tenha nenhuma expectativa. Há momentos em que sua mente estará ativa demais para se aquietar. Em alguns casos, ela sossega quase instantaneamente. Em outros momentos, ela se aquieta sem que você perceba. Tudo é possível.

*Seja gentil consigo mesmo. Meditação não tem nada a ver com certo ou errado. A ideia é permitir que sua mente descubra sua real natureza.

*Não se envolva em técnicas de meditação que não estejam contribuindo com o silêncio interior. Procure uma técnica que reverbere com você. Há diversos tipos de meditação de mantra que você pode usar, ou simplesmente seguir o fluxo de sua respiração sem prestar atenção aos seus pensamentos. Sua mente quer descobrir sua fonte em paz – deixe tudo ir para dar a ela uma chance.

*Certifique-se de encontrar um lugar calmo onde você esteja sozinho(a) para meditar. Desconecte seu telefone para garantir que não haverão interrupções.

Então quais são os benefícios que vem da prática regular de meditação? Discutiremos isso no próximo capítulo.

Capítulo 3: A Meditação e seus benefícios
Nos capítulos anteriores, lançamos um olhar sobre o que é a meditação e seus diversos aspectos. Neste capítulo, vamos ver por que a meditação é importe e o que ela pode fazer por você, enfatizando seus benefícios.

A meditação é uma prática que tem muitos benefício, incluindo benefícios mentais, físicos e emocionais.

Benefícios mentais

A meditação é basicamente um exercício do cérebro, o que significa que ela tem um efeito profundo na atividade cerebral. Por exemplo, ela afeta as seguintes áreas do cérebro:

O tálamo: esta é a área do cérebro responsável por sentidos capazes de focar sua atenção e dados sensoriais profundamente em seu cérebro e mesmo interrompendo outros sinais. Com a meditação, você pode minimizar o foco dessa informação, facilitando para você o foco em mínimas distrações dos sentidos.

O lobo parietal: Esta é a área do cérebro responsal por processar informações sensoriais sobre os arredores, e ajustar você ao espaço e tempo. Com a prática de meditação, você desacelera o lobo parietal.

Formação reticular: Esta área do cérebro é responsavel pela sensibilidade do cérebro e é capaz de receber estímulos, então o mantendo alerta e pronto para agir. Com a meditação, você reduz o fluxo de estímulos, não tendo de estar excessivamente alerta aos estímulos que chegam.

O lobo frontal: Esta parte do seu cérebro é responsável pelas emoções, planejamento, autoconsciência e reflexão. Quando você medita, é como se desligasse essa área.

Com os pontos assim em diferentes partes que são afetadas pela meditação, vamos nos ater aos benefícios específicos.

1. Ajuda a lidar com o stress diário

A prática da meditção diz respeito a ser responsável por seu próprio estado mental, bem como treinar a si mesmo para alterar como você responde a

experiências difíceis de modo a produzir resultados que são mais favoráveis à felicidade e bem estar. Na meditação, você cultiva consciência ou aptidão da mindfulness. Mindfulness melhora sua consciência de padrões que são iniciados por suas emoções e pensamentos. Por exemplo, você pode se tornar mais consciente de como tende a exagerar as coisas, então você aumenta os lamentos.Você pode se tornar mais consciente de como se engaja em pensamentos ansiosos, de modo que um pensamento neutro envolvendo algo que tenha de fazer resulta em se preocupar com as consequências de não fazê-lo.À medida em que se torna consciente do seu discurso interno, você está claramente em uma melhor posição para lidar efetivamente com elas. Consciência vem com opções. Enquanto estiver consciente de um padrão comportamental, você pode decidir agir de outra forma. Por outro lado, sem consciência, não há escolha.
Além disso, meditação pode aumentar sua consciência de como fazer escolhas

apropriadas que resultam em encorajamento, felicidade e bem estar. Quando você pratica técnicas de relaxamento todos os dias, você aprende a libertar estados emocionais não saudáveis que causam tensões físicas. Há um forte senso de relaxamento corporal associado à meditação.

Aqui seguem algumas ideias de como praticar meditação para combater o stress:

✓*Respiração centrada*

Pare, várias vezes ao dia, fique em uma posição relaxada, e repire profunda e lentamente pelo seu abdomen de 2 a 3 minutos. Se você perceber sua mente divagar, simplesmente leve sua concentração de volta para sua respiração.A respiração lenta e profunda comprovadamente apoia o relaxamento.Além disso, concentrar-se em seu abdomen tem um efeito de relaxamento e centralização. Liberar a expiração também pode ser muito produtivo. Há um ciclo automático de relaxamento que ocorre a cada vez que você expira. Quando você presta atenção a esse ciclo de relaxamento, seu corpo relaxa mais profundamente, o que por sua vez provoca um efeito calmante em sua mente e emoções.

✓*Gatilhos de mindfulness*
Estabeleça seu próprio gatilho de mindfulness, que o(a) lembrará de relaxar. Pode ser uma ação, como fechar o seu planner, ou colocar de volta o telefone no gancho. A cada vez que você fizer isso, inspire profundamente, e expire, observando como seus músculos estão relaxando. Você descobrirá a tensão voltando, mas quando praticar esse exercício, você ficará melhor em liberar tensão física.

✓*Consciência periférica*
Reserve alguns minutos para realizar a técnica da consciência periférica, que envolve simplesmente concentrar sua visão em um ponto imaginário na parede à sua frente. Enquanto você mantém o foco gentilmente naquele ponto específico, comece a levar sua consciência ao limite de sua perspectiva visual. À medida que

você aumenta sua consciência da visão periférica, você perceberá que seu corpo começar a relaxar, sua mente ficar mais quieta, e mesmo certas sensações em seus pés ou mãos.

✓*Projetar uma esfera protetiva*
Ilumine uma bolha protetiva, e imagine que há uma espécie de campo de força circundando e protegendo e cobrindo seu corpo, criando um espaço de calma que não pode ser penetrado por eventos externos. Isso não significa necessariamente que há uma bolha de proteção real envolvendo você, mas sua mente inconsciente não tem a habilidade de distinguir entre realidade e imaginação, então você se sentirá igualmente protegido.

2. A meditação ajuda a melhorar a memória

A prática regular de meditação tem sido intimamente ligada a melhora das lembranças. Um dos estudos que provaram isso envolveu pessoas engajadas em meditação de atenção plena onde a habilidade de controlar as ondas cerebrais envolvida no processo de examinar distrações. E com a meditação regular, isso resultou em aumento de produtividade entre o grupo que meditava, comparado ao grupo que não meditava.E com habilidade aumentada para superar e ignorar distrações, isso finalmente resultou em maior habilidade para incorporar e lembrar novos fatos com muito mais rapidez.

3. Meditação aumenta a compaixão

Quem se engaja regularmente em meditação comrpovadamente tem mais compaixão e empatia do que aqueles que não o fazem. Em um estudo conduzido para mostrar como as pessoas respondem à meditação, foram apresentadas aos participantes imagens de pessoas em situações ruins, neutras e boas, de modo a testar sua compaixão após uma senssão de meditação. Aqueles que meditaram apresentaram maior habilidade de focar sua con centração e mesmo reduzir suas diferentes reações emocionais às imagens do que aqueles que não estavam meditando. Ainda, aqueles que meditaram apresentaram um maior grau de compaixão por outras pessoas, especialmente quando lhes foram apresentadas imagens perturbadoras. Então você pode se perguntar: por que as pessoas têm maior compaixão após meditarem? Bem, a resposta é bastante simples; a amígdala é responsável por isso. Quando você medita, a amígdala, parte do cérebro responsável por estímulo emocional tem sua atividade reduzida e é bastante responsiva quando você visualiza imagens de outras pessoas.

Além disso, outro estudo mostrou que aqueles que meditam experimentam um maior grau de ativação na parte do cérebro relacionada à empatia. Na verdade, suas junturas parietal e temporal experimental maior ativação quando ouvem sons de pessoas que estão sofrendo, comparadas àquelas que não meditam.

Meditação pode ajudar a criar uma compreensão leve, bonita e delicada da vida

Quando você medita, é como se seu cérebro fosse renovado constantemente. Isso, por sua vez, pode intensificar sua visão da vida, e resultar em uma vida feliz e satisfatória.

4. Meditação pode ajudar a melhorar sua criatividade

Com a meditação, você pode enfim parar de aceitar as coisas como elas são e desenvolver em vez disso uma perspectiva na qual você estará questionando vários aspectos da vida. Isso pode, por sua vez, permitir que você seja muito mais imaginativo em sua consciência e em cada aspecto de sua vida.

5. Meditação pode ajudar a obter clareza mental

Tendo a habilidade de acalmar e de certa forma 'controlar' seus pensamentos, você pode estar certo de lidar com muitas das complicações de saúde que as pessoas sofrem, incluindo stree, depressão, ansiedade, tensão e muito mais. Isso pode enfim tornar sua vida muito melhor.

6. Meditação pode ajudá-lo a relaxar

Se você está se sentindo emocionalmente drenado, a prática de meditação pode ser a solução que você estava procurando. Meditação age como uma espécie de limpeza para a alma, que ajuda a nutri-lo de dentro para fora, de modo a finalmente levá-lo a um estado de calma, que por sua vez leva a sentir-se mais calmo e em completa harmonia.

7. Meditação pode abrir espaço para transformação pessoal

Uma das melhores formas de aprender sobre si mesmo é meditar. Isso especialmente considerando que meditar ajuda a entrar em contato com seu eu interior, o que pode enfim tornar sua vida mais fácil e suave.

Benefícios da meditação para a saúde física

1. Melhora do sistema imunológico

Meditar ajuda a encher sua células com mais energia, especialmente com os exercícios de respiração profunda que você provavelmente usará em suas rotinas de meditação dia a dia. E com mais oxigênio sendo inalado, isso resulta em uma melhora do seu sistema imunológico.

2. Redução da pressão arterial

Relaxamento profundo, que é frequente em práticas de meditação, pode ajudar a acalmar a pressão arterial, e a taxa de respiração, que pode resultar em pressão reduzida. Fazendo isso, você pode estar certo de superar problemas como hipertensão.

3. Pode ajudar no combate da insônia

A grande paz interior, que é uma das coisas que você vai alcançar, é uma ótima forma de induzir o sono. Com meditação, você pode obter grande habilidade de focar e reduzir interrupções. Uma vez estando bem relaxado, pode estar certo de obter sono de qualidade sem esforço. O fato de que a meditação ajuda a combater o stress, a ansiedade e outras complicações de saúde fazem dela uma boa ferramenta para combater a insônia.

Outros benefícios da meditação incluem:
   ✓Superar maus hábitos

- ✓Perda de peso
- ✓ Desacelera o processo de envelhecimento
- ✓Aumento de fertilidade
- ✓Cura de inflamações
- ✓Superação de codependência
- ✓ Construção de confiança, autoestima, etc.
- ✓ Aumento de produtividade (permitindo o foco)

Você está animado para começar a receber alguns dos benefícios? Bem, se está, o resto do livro irá focar inteiramente em como meditar para ajudá-lo a conseguir todos os benefícios que discutimos acima.

Capítulo 4: Iniciando
Preparação para meditar

Como qualquer jornada na qual vale a pena ingressar, é importante se preparer para sua prática meditative se você quer mesmo obter o máximo de benefícios da sua sessão.Então, como fazer isso?

Nota: Nem sempre é necessário se preparer para todas as retinas de meditação. Por exemplo, você pode não precisar de muito preparo para técnicas como a caminhada meditativa.

Decida quando você quer meditar

Isso deve prepará-lo psicologicamente para a sessão de meditação.

Prepare um espaço onde você vai meditar

Este espaço deve oferecer paz, inspiração e calma. É melhor dedicar um espaço em sua casa ou escritório que você usará apenas para meditar, em vez de usá-lo para várias outras coisas. E se você tem algo que acredita que pode ajudá-lo a focar, você pode fazer isso; pode pegar a imagem de um santo, crucifix, natureza, etc. —a escolha é totalmente sua, mas a ideia aqui é ter algo que o ajude a lembrar a verdade e o amor que você está guardando. Você também pode pegar algumas velas para iluminar a sala, para criar o ambiente desejado na área de meditação.

Nota: Preparar uma área especial na qual você vai meditar pode ser um longo caminho no sentido de aumentar o sucesso das suas sessões. Aqui estão algumas orientações para como organizer esse espaço:

✓Certifique-se de que a sala está livre de distrações: Elas podem dificultar a entrada em um estado meditativo. Não espere entrar nesse estado na primeira tentative, especialmente em um ambiente barulhento; leva tempo para chegar lá.

✓Certifique-se de que a area ou sala é boa para você: Não escolha uma sala que desperte pensamentos depressivos. Deveria também ter iluminação adequada e ser distante de lugares onde há muito fluxo de pessoas, para minimizar distrações. Verifique que este lugar não tenha entulho.

✓ Inclua algum aroma ao espaço de meditação. Cheiro ajuda bastante a relaxar e se sentir em paz. Assim, não se faça de rogado em infundir aromas à area de meditação para otimizar o relaxamento ao mesmo tempo em que desperta os seus sentidos. Você pode usar óleos essenciais, velas, ou acender um incenso.

✓Adicione um pouco de natureza à sua área de meditação: se seu espaço preferido para meditar é externo, fique à vontade para adicionar algo de natureza a ele. Você pode experimentar algumas pedras para essa tarefa, para dar a suas sessões vida, equilíbrio e energia.

✓Customize o espaço para que ele seja uma reflexão de você mesmo: você pode fazer isso acrescentando algo que seja calmante e tenha apelo, como cristais, sinos, Buda, pedras de afirmação, miçangas, etc. A ideia aqui é trazer serenidade.

✓ Inclua música: Embora você não necessariamente tenha que usar música, pode ser muito útil para melhorar sua habilidade de entrar em um estado meditativo. Vamos discutir sobre isso um pouco mais:

✓Estudos mostram que é melhor optar por música que tenha a média de batidas por minutes de modo a alterar as ondas cerebrais adequadas para a meditação. Neste caso, você deveria mirar em algo entre 40-60 BPM. No entanto, você deveria experimentar com diferentes batidas por minute para encontrar o que funciona melhor para você, porque algumas batidas por minute podem se tornar fonets de distração. Você pode tentar ouvir "ruídos broncos", por exemplo o tipo de ruído que chega quando você liga a TV ou rádio (estático). Pode também ouvir o som de um ventilador ligado ou de corrente de água. Enquanto ouvir o ruído branco, tente não escolher outros padrões ou tentar descobrir o que está acontecendo. A ideia aqui é permanecer rígido e apenas ouvir enquanto fecha os olhos e deixa que o ruído preencha todo o espaço e toda a mente.

Prepare seu corpo para a meditação
✓ Para garantir que suas sessões de meditação produzam os efeitos desejados, certifique-se de que seu corpo está limpo e sem odores antes de começar.
✓ Certifique-se de vestir roupas confortáveis e escovar seus dentes. E se você tem pouco tempo, tente lavar seu rosto e as mãos. Embora lava-los não seja realmente essencial, tem um sentido simbólico, uma vez que faz você se sentir limpo ao começar a meditar. Isso pode, enfim, deixá-lo de bom humor e bom estado mental enquanto se prepara para meditar. O ato de se banhar também é bastante relaxante, por relaxer tensões musculares, o que leva a se sentir mentalmente relaxado e calmo.
✓ Faça um pouco de alongamento e exercícios: Fazendo isso, preste atenção especial ao pescoço e aos ombros, já que eles provavelmente tem tensão acumulada. Na verdade, você deveria tentar fazer alongamentos que

normalmente relaxam seus quadris e favorecem ficar sentado por longos períodos. Você pode querer trabalhar com um medico ou seu terapeuta físico para ajudá-lo a desenvolver um plano de exercícios com foco nessas áreas.

✓Tenha um pouco de tempo livre antes de meditar: Tente se envolver emu ma atividade relaxante que você goste, que não exija muito esforço mental. VVocê pode ler um livro, fazer um quebra cabeça, dar uma volta ou ouvir música para meditação para ajudar a relaxar.

✓Certifique-se de não comer pelo menos uma hora antes de meditar. E caso precise comer, verifique que é uma refeição leve. Comer uma refeição pesada pode fazer você se sentir enjoado e até desconfortável; não é isso que você quer na hora de meditar.

✓Evite estimulantes imediatamente antes de sua sessão de meditação: Neste caso, estimulantes incluem bebidas cafeinadas como café, chá etc.

✓Certifique-se de estar aquecido (não extremamente quente) ao meditar.

Diga não às desculpas

Ao mesmo tempo em que a meditação obviamente tem uma ampla gama de benefícios, muitos de nós não meditamos não porque não conhecemos os benefícios que podemos obter disso, mas simplesmente porque de alguma maneira não temos a motivação para meditar. Vamos dar uma olhada em algumas das desculpas que muitos de nós temos para não meditar:

Não temos tempo

É muito comum para todos nós pensar que simplesmente não temos tempo para meditar. Parece que reservar apenas 5 minutos para meditar é impossível. Mas você já notou quanto tempo você gasta em atividades redundantes ou que não agregam valor? Provavelmente gastamos mais de 30 minutos procrastinando e em atividades desnecessárias. Bem, a razão que eu poderia dar para nosso fracasso na meditação tem muito a ver com o fato de que vemos o tempo que gastamos meditando como um desperdício. Mas se pudermos mudar nossa percepção do que é a meditação, então reservar tempo para meditar assim como reservamos para o café da manhã, almoço e jantar, poderia ajudar muito. E fazendo isso, você pode ter certeza de economizer muito mais tempo do que o que gastou meditando. Por exemplo, através da meditação, você pode melhorar seu foco e concentração, o que ajudará a gastar menos tempo se preocupando e procrastinando. Você pode pensar no tempo usado em meditação como uma espécie de investimento que ajudará de alguma forma a economizer mais tempo.

Não sei como meditar

Embora meditação seja uma prática que leva um tempo até atingir a fluêcia, a verdade é que não há nada de perfeição ou de um modelo ideal para todos quando o assunto é meditação. Você não deveria esperar se sentir de uma maneira específica; todos experimental a meditação de uma forma diferente. Tudo o que você deve fazer é sentar ou dentar, então inspirer e expirer, focar na respiração enquanto fecha os olhos etc. Em termos simples, a meditação é bem fácil e você não precisa de nenhuma habilidade especial para praticar. Mas à medida que segue, você precisará incluir mantras e posições da mão, como mudras, para melhorar a efetividade de suas sessões.

Parece que não consigo desligar ou aquietar a minha mente

Enquanto nossas mentes tendem a ser hiperativas e preenchidas por pensamentos aleatórios, quando você quer ver as horas, levanter um pouco e fazer várias atividades, a verdade é que você não precisa se preocupar com isso porque quanto mais você se preocupa, mais difícil é para focar. Tudo o que você precisa fazer é desafiar e aquietar o seu ego. Uma vez que a mente é cheia de pensamentos aleatórios, você deveria esperar passer entre 2 e 5 minutos meditando no começo. Quando você perceber sua mente divagando, simplesmente perceba a distração, então leve sua mente de volta ao foco. Isso não significa que você não vai experimentar instancias em que sua mente divaga.

Encontrando a postura correta

Encontrar a postura correta pode ter muita tentative e erro. Geralmente, você precisa passar por períodos de desconforto antes de aprender a como sentar corretamente. Entretanto, o significado da postura envolve muito mais do que encontrar uma maneira confortável de sentar. Especialmente porque a forma como você lida com seu corpo tem um efeito significativo nos estados mentais e emocionais que você experimenta. Mesmo algo simples como a posição do seu queixo pode influenciar seu nível de pensamento. Por outro lado, quando seu assento está em um ângulo errado, isso pode interferir na sua respiração, o que pode levar a sentimentos de depressão e cansaço.

Esta sessão vai cobrir como usar o seu corpo produtivamente durante a meditação de modo a relaxar e desenvolver o alerta simultaneamente.Embora alerta e relaxamento pareçam ser contrastantes, eles podem coexistir durante a meditação, e são típicas de um estado meditativo.

Aqui você aprenderá a como organizar sua postura desde o começo, incluindo algumas dicas para resolução de problemas, o ângulo da sua cabeça, o significado de apoiar suas mãos, e em que sentar. Na verdade, aprender a sentar efetivamente é a primeira coisa que você deveria aprender na meditação.

Você precisa lembrar dois princípios significativos ao preparar uma postura apropriada para sua meditação:

*Sua postura deve permitir que você permaneça consciente e alerta

*Sua postura deve permitir que você fique confortável e relaxado

Estes dois elementos são cruciais. Estar desconfortável pode impedir a meditação devido ao desconforto, enquanto uma inabilidade de relaxar pode impedi-lo de aproveitar a experiência, bem como liberar os fatores emocionais responsáveis por sua tensão física.

Para este fim, pode ser fácil assumir que meditar deitado é a melhor abordagem. No entanto, isso pode deixar sua mente nebulosa e você pode até ficar sonolento. Uma postura sentada é a melhor forma de combinar efetivamente consciência e relaxamento. Você não precisa sentar no chão ou de pernas cruzadas, em posição de lótus. Há várias formas de sentar para meditar, incluindo sentar em almofadas, usar cadeiras, um banco, bem como as posições de pernas cruzadas, desde o lótus completo até a simples posição do alfaiate.Não obstante, todas elas podem ser resumidas em 3 posições:

✓Sentar de pernas cruzadas

✓ Sentar em um banco ou uma almofada

✓Sentar em uma cadeira

Todas elas são efetivas: basta encontrar aquela na qual você se sente mais confortável.

O significado de encontrar a postura apropriada não pode ser superenfatizado.

O desconforto atuará como uma distração da sua meditação, e é um sinal do seu corpo de que algo está errado. Aqui estão as coisas que você deve ter em mente quando se trata de encontrar uma postura correta:

*Sua coluna deve estar ereta, mantendo sua tendência natural de ser ligeiramente inclinada. Sua coluna lombar não deve estar caída ou exageradamente côncava.

*Sua coluna tem de estar relaxada

*Seus ombros devem estar relaxados, e levemente para trás e para baixo

*Você deve apoiar suas mãos, seja deixando-as repousadas em seu colo ou em uma almofada, de modo a manter seus braços relaxados

*Você deve manter uma posição de cabeça equilibrada, com seu queixo ligeiramente para dentro.

*Seu rosto deve estar relaxado, com suas mandíbulas relaxadas, os olhos também, sua testa suave, sua língua relaxada e ligeiramente em contato com a parte de trás dos dentes..

Sentando em uma cadeira

Um dos erros mais comuns que iniciantes tendem a cometer é experimentar e se contorcer emu ma postura que exige mais flexibilidade do que eles realmente tem, levando a meditações distraídas, desconforto e até mesmo machucados. Seja gentil consigo mesmo. É possível meditar bem em uma cadeira normal, de escritório ou sala de jantar.Você só precisa levanter o encosto da cadeira em aproximadamente uma polegada. Isso permitirá que você sente sem ter que se apoiar no encosto da cadeira ou segurar suas costas firmemente. Você pode usar listas telefônicas ou blocos de Madeira para isso. Claro, há exceções, e pessoas com determinados problemas de coluna podem precisar do apoio de um encosto.

Este é um ajuste útil que permite um pouco de suporte para as costas ao mesmo tempo em que evita os ombros caídos: sente emu ma cadeira, e então incline-se para a frente a partir do quadril de modo que sua barriga fique paralela ao quadril. Então, mova-se para trás para colocar seu derrière levemente em contato com as costasda cadeira. Sente-se e você perceberá que a base do encosto da sua cadeira está oferecendo apoio à sua coluna, ajudando a manter uma posição naturalmente ereta.

Você pode apoiar suas mãos deixando-as com as palmas viradas para baixo sobre suas coxas. Você pode posicionar uma almofada no seu colo para posicionar suas mãos, caso tenha costas longas.

Se possível, mantenha seus pés inteiramente no chão. No entanto, isso pode não ser possível se você tem pernas muito curtas ou muito longas em relação ao tamanho da sua cadeira. Você pode colocar um livro sob seus pés para apoio, se não alcançar o chão. Por outro lado, se elas são muito longas, você deveria basicamente conseguir outra cadeira, ou simplesmente colocar um lençol dobrado ou uma almofada embaixo do assent para aumentar um pouco sua altura.

Algumas cadeiras de escritório são praticamente feitas para meditar!Basta ajustar o assento para inclinar levemente para a frente, e garantir que o encosto está ligeiramente em contato com a coluna lombar. Modifique a altura para que seus pés toquem o chão.

Ajoelhando, usando uma travesseiro ou uma almofada

Se sentar com as pernas cruzadas não é confortável para você, você ainda pode aproveitar várias outras posturas para meditação. Sempre há a opção de sentar em uma cadeira, embora a maioria das pessoas prefira sentar no chão, pois isso oferece uma sensação maior de conexão ao solo, que facilita a acalmar a mente.

Ajoelhar é a segunda postura mais popular, depois da posição de pernas cruzadas, ou apoiar o peso do corpo com um banco de meditação, ou almofadas.

É muito importante encontrar boas almofadas. Elas devem ser firmes, e a maioria delas tendem a comprimir demais sem oferecer apoio suficiente. A maioria das almofadas comuns também tem o hábito de comprimir excessivamente. A maioria das pessoas que usam as almofadas normamente precisam de pelo menos duas, dependendo da altura. Você precisa apenas se certificar de que conseguiu a altura certa, pois ficar baixo demais pode levar à coluna caída, que pode por sua vez gerar desconforto e evitar que se entre em estado de consciência.

Por outro lado, ficar alto demais favorecerá um arqueamento desnecessário nas suas costas, que pode resultar em dores agudas. Você perceberá que chegou à altura correta quando suas costas estão suficientemente eretas, sem precisar de esforço para manter a posição. É aconselhável ter suas mãos posicionadas à sua frente, seja colocando uma almofada extra na sua frente, ou repousando suas mãos ao redor do quadril.

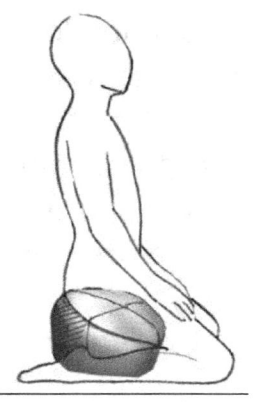

Adições à postura de meditação
Você também pode usar um lençol para apoiar suas mãos.Basta envolver o lençol firmemente na cintura, então dobra-lo de tal modo que ofereça espaço para suas mãos repousarem ou ficarem envolvidas.
Bancos de meditação também podem ser úteis. Você mesmo pode fazer um, encomendar ou simplesmente comprar um.Alguns bancos de meditação são projetados com extremidades arredondadas em suas pernas para ajustar o ângulo apropriado ao sentar neles.Outros são projetados com um ânhulo predefinido, que é perfeito se você está ciente do ângulo e altura que precisa para seu banco.

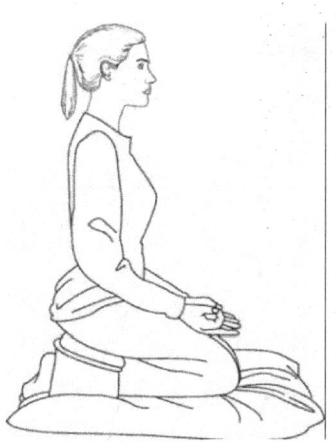

Sentando de pernas cruzadas
Meditar com as pernas cruzadas não é para todo mundo. A boa notícia é que não é obrigatório sentar nesta posição ao meditar. Na verdade, forçar-se a sentar em uma posição desconfortável de pernas cruzadas pode prejudicar suas articulações em longo prazo, e você certamente não estará confortável o suficiente para alcançar uma meditação eficiente. Entretanto, com a flexibilidade suficiente, essa posição pode ser bastante estável. Há várias formas para sentar com as pernas cruzadas.
Posição do alfaiate

Esta é provavelmente a postura mais popular. Ter os dois pés no chão é muito importante para oferecer o apoio necessário. Três pontos de contato (ambos os joelhos, e os glúteos) oferecem estabilidade suficiente.

Você sempre pode se utilizar de um preenchimento (uma echarpe dobrada ou almofada fina) sob seus joelhos para estabilidade, se não consegue ter ambos os joelhos no chão. Considere sentar em meio a almofadas, em um banquinho, ou banco de meditação se um ou ambos joelhos estão a mais de uma polegada de distância do chão. Praticar yoga pode ajudar bastante no sentido de soltar os quadris.

Novamente, se você acha que suas mãos não se posicionam naturalmente sobre seu colo, use um lençol ou almofada para mantê-las apoiadas. Pode ser uma boa ideia alternar seus pés de tempos em tempos, uma vez que posturas de pernas cruzadas tendem a ser ligeiramente assimétricas.

Posturas meio lotus e lótus
Você precisa ser muito flexível para alcançar essas posturas.Se ela fica mais desconfortável ou você sente dor nos joelhos, sempre pode voltar às posturas explicadas acima. Forçar suas pernas em uma posição desconfortável pode causar danos sérios.

A posição de lotus complete envolve repousar os pés em quadric opostos, com suas solas direcionadas para cima. Acredita-se que esta seja a posição ideal para meditar, pois aproxima a pessoa do solo. E aparenta ajudar a se manter 'firme' por alguma razão, além de ser uma postura bastante simétrica e equilibrada.

A postura de meio lótus, por outro lado, consiste em posicionar um pé no quadril oposto, com a sola direcionada para cima, enquanto o outro pé permanence no chão, como na postura do alfaiate.

Ajoelhar em um banco ou com almofadas, ou sentar em uma cadeira são também posturas simétricas, mas não oferecem muito contato com o solo.

Full lotus

Half-lotus

Deitar

Mencionamos anteriormente que você deveria evitar meditar estando deitado, e este é um conselho que deve ser levado a sério. Ao fazer isso, aumentam suas chances de adormecer, o que pode ser relativamente prazeroso, mas não vai gerar benefícios a longo prazo. Há algumas pessoas que tem problemas sérios de coluna, e mesmo meditar em uma cadeira pode não ser uma opção. Se você só é afetado por isso quando tenta meditar, provavelmente você só precise mudar a postura.Você pode aprender a lidar com a dor durante a meditação, mas a dor pode ser sufocantemente poderosa, finalmente dominando toda a mente. Em alguns casos, a dor é uma manifestação de que você está causando danos ao seu corpo. Assim, podem haver justificativas bem razoáveis para meditar estando deitado. Você pode fazer isso seja de costas, seja de lado.

Deitado de costas
Se vocêse encontra na categoria de pessoas com sérios problemas de coluna, então deitar pode ser sua única opção para meditar. Sua cabeça deve estar apoiada em algo firme, mas alcochoado.Você pode usar uma almofada fina sobre um livro, ou um bloco de espuma firme.Para meditações curtas, um livro sem alcochoamento pode ser suficiente. Entretanto, períodos mais longos podem provocar dores na parte de trás da cabeça. Mesmo se seu assoalho é acarpetado, é sempre aconselhável ter algum tipo de alcochoamento, como um

lençol dobrado, entre seu corpo e a superfície.

A posição Alexander (semi supino) é a melhor para se manter deitado durante a meditação, que consiste em flexionar os joelhos e apontá-los para o teto. Mantenha os seus pés inteiramente apoiados na superície, e os posicione em posição aproximada aos joelhos, como se suas pernas estivessem eretas. Se você perceber suas pernas colapsando enquanto tenta relaxar, considere virar seus calcanhares ligeiramente para fora, sem mover os dedos do pé. Como dito antes, estar deitado de costas, durante a meditação aumenta suas chances de adormecer.

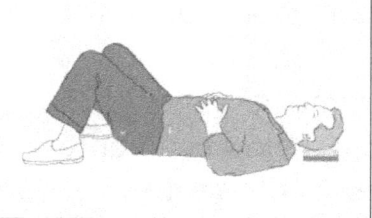

Este risco torna-se mais elevado quando você mantém o foco na barriga em vez de se concentrar na sua respiração. Assim, é aconselhável focar na respiração pelas narinas, cabeça, garganta ou peito. Naturalmente, esta não é uma garantia de que você não vai cochilar, mas reduz o risco de adormecer.

Deitando de lado
Surpreendentemente, mesmo havendo várias imagens de Buda meditando nessa posição, muito poucas pessoas preferem deitar de lado para meditar. Isso pode ser amplamente atribuído ao fato de que Buda morreu nessa posição enquanto meditava, fazendo com que as pessoas a associassem mais à sua morte do que à meditação.

Entretanto, esta é uma postura bastante confortável para meditar. Seguem algumas instruções:

*Deite-se à sua direite
*Tenha algum alcochoamento para colocar embaixo de todo o seu corpo
*Coloque seu braço esquerdo sobre o corpo
*Ponha o cotovelo esquerdo no chão. Sua mão deve estar apoiando sua cabeça
*Flexione levemente seus joelhos, com o joelho superior um pouco mais flexionado

do que o inferior, de modo a evitar pressão desnecessária entre seus joelhos e seus tornozelos

*Ponha mais uma almofada embaixo da parte superior do tórax ou da axila esquerda, para acomodar parte do seu peso

*Você pode sentir um pouco de desconforto pela pressão da sua mão em sua cabeça, então você provavelmente terá de ajustar a posição da sua mão vez ou outra.

*Esta postura pode não ser ideal para você caso tenha problemas no pescoço.Entretanto, ela seria boa para a maioria das complicações de coluna.

Assim como há boas posturas que apoiam sua prática de meditação, você também deve estar consciente de que também existem as más posturas. Então quais são algumas das más posturas que você deve conhecer e como elas afetam a sua prática?

Más posturas

    1. **Postura 'caída'**

Este é o erro mais comum que as pessoas tendem a cometer em suas posturas meditativas. Manter as costas caídas evita que você esteja alerta e mantenha sua consciência durante a meditação. Além disso, pode resultar em tensão nos ombros e no pescoço. Isso é causado por três fatores principais:
*Hábito
*Inclinação inadequada em seu assento
*Sentar baixo demais
Sentar muito baixo tende a inclinar sua pélvis para trás, e isso por sua vez inclina sua coluna lombar para trás, o que força a coluna cervical a cair para frente, para manter o equilíbrio. O problema com a postura caída é que ela fecha seu peito e e diminui a habilidade de respirar livremente. Esta postura pode fazer você se sentir fraco, e a contração no peito pode até mesmo fazer com que você adormeça. Mais: manter essa postura por muito tempo pode até levar à depressão.
Em alguns casos, a postura caída pode ser causada por um assento insuficientemente inclinado ou reto, mesmo quando tem a

altura correta. Às vezes, é meramente um hábito. O ideal seria tentar se manter ereto. Entretanto, se você se força a ficar em uma posição ereta depois de ficar curvado, pode terminar com uma postura ótima externamente, mas os músculos pressionados vão em algum momento se sentir muito doloridos em pouco tempo.

2. Arqueamento em excesso

Arqueamento excessivo é relativamente raro na meditação, em comparação com as costas caídas. Normalmente, o arqueamento excessivo ocorre quando você senta alto demais durante a meditação, fazendo com que a pélvis se incline para a frente. O excesso de arqueamento pode ser causada por:

*Hábito
*Muita inclinação no assento
*Sentar alto demais

Naturalmente, você deve ter uma curvatura delicada, normal, em sua região lombar, mas o exagero pode levar a fisgadas dolorosas em sua coluna lombar.

Um ângulo muito íngrime no seu assento também pode causar arqueamento excessivo.Em outros casos, pode ser por um simples hábito, como as costas caídas. Você pode lidar com o arqueamento em excesso normalmente ajustando o ângulo do assento, encontrando um assento menor, ou ajustando o ângulo da sua pelve.

Altura do assento

Se você quer evitar tanto o superarqueamento ou costas caídas durante a meditação, você precisa garantir que a altura da sua almofada ou seu banquinho está correta. Mas não há um valor único para todos quando se trata de escolher a altura correta. Sua própria flexibilidade e altura terão um impacto maior na altura ideal para você. Ter uma pessoa experiente disponível para ajustar sua postura e oferecer feedback pode ajudar muito na busca pela postura correta. Pode ser muito difícil determinar por si mesmo se você precisa mudar de postura.

Se você se pegar se curvando ao tentar relaxar, considere aumentar a inclinação para frente de seu assento ou acrescentar um pouco de peso a ele. Se você está usando almofadas, certifique-se que você está sentando na direção da borda das almofadas. Sentar no encosto das almofadas pode causar uma inclinação para trás, levando à curvatura. Por outro lado, se você se percebe curvando enquanto se ajoelha entre as almofadas, avalie separar seus joelhos ligeiramente para alterar inclinação de sua pélvis e corrigir uma leve queda.

À medida que você trabalha no sentido de alcançar alguns dos benefícios que vem com a meditação, é importantew saber o que fazer para alcançar todos eles. Vamos conhecer o que você deveria fazer para se beneficiar da meditação.

Capítulo 5: Técnicas de meditação para autoconsciência e relaxamento

No capítulo anterior, vimos como se preparar para a meditação, e neste capítulo, vamos ver as diferentes formas em que se pode praticá-la de modo a perceber os benefícios mencionados no começo e muito mais.

Técnicas básicas de meditacão

Esta é uma é uma prática muito difundida, especialmente no mundo budista. O propósito da respiração com atenção plena é primeiramente relaxar e focar a mente, e é assim referido como samatha (shamatha, sânscrito). Vipashyana é o equivalente em Sânscrito para vipassana, abas palavras significando interior. Tradicionalmente, essa prática de meditação era chamada de Anapanasati, que significa literalmente atenção plena de inspiração e expiração. Nessa prática meditativa, você usará sua respiração como objeto de foco, para a qual você levara sua atenção toda vez que perceber que sua mente divagou.

Basicamente, esta prática é eficiente quando você remove sua atenção de pensamentos discursivos, e redireciona para as sensações da sua respiração. Quando você faz isso, está empregando menos energia em estados emocionais de má vontade, compulsão, ansiedde e inquietude que impulsionam esses pensamentos. Com o tempo, sua mente fica mais relaxada, e seus estados emocionais se tornam mais positivos e equilibrados, bem como sua experiência.

É importante perceber que a prática requer que você perceba quando a mente divagou, e conscientemente a traga de volta para sua respiração. Quando você está tendendo a ficar distraído no processo de meditação, não é um sinal de falha.

Instruções

*O primeiro passo é assumir uma postura adequada, certificando-se de endireitar sua coluna. Você pode colocar um travesseiro embaixo de si para garantir que esteja sentado direito. A postura de meio lótus ou lótus é a ideal para sentar.

Entretanto, você sempre pode sentar em postura de pernas cruzadas caso não consiga se posicionar nessas posturas.

*Embora já tenha endireitado sua coluna, imagine que você está sendo puxado por uma corda sobre sua cabeça, com a corda segundo do centro de seu crânio até a base de sua espinha, em uma linha longa.Entretanto o seu corpo, em particular seus ombros, precisam estar naturais e bem relaxados. Para garantir que seus ombros estão bem posicionados, inspire profundamente e relaxe os ombros na expiração.

*Ao sentar, você deve manter sua boca fechada e respirar apenas pelas narinas. Além disso, certifique-se de que sua língua está ligeiramente curvada para cima, fazendo um leve contato com o céu da boca. O propósito disso é evitar acúmulo de saliva, e redirecioná-lo naturalmente garganta abaixo.

*Respire normalmente, sem forçar ou controlar sua respiração. Concentre-se na ponta do nariz, e apenas preste atenção ao processo natural da sua respiração.

Silenciosamente conte sua inspiração e expiração na sua mente de 1 até 10, e repita o processo, contando de 1 a 10 novamente. Faça isso por 20 minutos.

*Ao inspirar e expirar, limite seu foco à ponta do seu nariz. Isso é uma reminiscência dos guardiões que costumavam guardar os portões das cidades antigas. Seu trabalho era apenas observar as pessoas entrando e saindo da cidade, e não seguir pessoas quando elas passavam pelo portão, ou as seguindo quando saíam da cidade.

*Ao observar sua respiração, é comum se encontrar distraído e com a mente divagando para outra coisa, como um pensamento sobre o futuro, uma memória do passado ou simplesmente um devaneio. Uma vez que perceba que sua mente foi interrompida e perdeu o foco, apenas redirecione o foco para a contagem ou a observação da sua respiração. Evite perseguir as coisas nas quais sua mente está pensando, ou ficar chateado porque se distraiu. Qualquer nível de pensamento durante a meditação o impedirá de aproveitar o impacto natural de refrigério e habilidade de concentração associada à ela.

*Comece parando por pelo menos vinte minutos, simplesmente observando sua respiração. Com o tempo, você pode gradualmente aumentar o tempo entre cinco e dez minutos, até conseguir ficar uma hora. Entretanto, se sua agenda não permite que você pare por uma hora, você pode simplesmente ajustar o tempo de acordo com sua possibilidade, mas certifique-se de praticar por um mínimo de vinte minutos.

*Durante os primeiros estágios da sua meditação, você descobrirá que sua mente está ocupada por muitos pensamentos inúteis. De fato, é fácil acreditar que você está em uma posição pior do que antes de começar a meditar. O interessante é que este é na verdade um bom sinal. Antes de começar a prática, você estava totalmente alheio aos pensamentos inúteis na sua mente. Entretanto, agora você está plenamente consciente disso. Tenha em mente que, quando você está se livrando desse lixo, não há seleção ou análise – você sabe que é tudo lixo, e está simplesmente jogando fora.Assim como pensamentos extranhos invadem sua mente, você simplesmente observa, e volta para a percepção consciente da sua respiração. Você não tem que rejeitar ou se agarrar a qualquer pedaço de lixo em sua mente – ele vai desaparecer assim como veio.

*Logo, à medida que se tornar mais experiente na percepção da sua repiração, você pode parar de contar, e apenas prestar atenção à respiração, sem contagem.

Dica:Os textos de meditação budistas antigos sugerem que o período da manhã é o melhor para se envolver na meditação, seguida pelo período da noite, antes de se deitar. Se possível, você pode praticar sua meditação duas vezes ao dia, durante ambos os momentos. No entanto, se os dois horários parecem impossíveis ou impraticáveis para você, encontre outro horário em sua agenda para meditar. Mas não o faça após comer, porque seu corpo libera bastante calor durante a digestão, o que não é favorável à meditação.

*As duas coisas mais significativas que você precisa para desenvolver sua habilidade são perseverança e paciência. As boas qualidades que você conquistará pela meditação naverdade acontecerão naturalmente, sem que você perceba. Lembra um escultor habilidoso, cuja entalhadeira o permite elaborar vários belos objetos de madeira. Com o tempo, o cabo da entalhadeira se amolda perfeitamente à sua mão, pois ela reflete os contornos da mão que a manuseia. Sempre que a usa, ele não percebe a forma que a faca está tomando. Em vez disso, o cabo se encaixa muito naturalmente, finalmente se tornando a combinação perfeita para a sua mão.

Meditação transcendental

A forma transcendental de meditação é uma das mais antigas e mais difundidas no mundo. Esta técnica é útil em promover conscientização relaxada e ajuda a relaxar completamente a mente e o corpo.

Método: Para realizar esta técnica, encontre um canto quieto da casa.Adote a posição de lótus (coluna ereta, mãos estendidas e posicionadas nos joelhos, e pernas flexionadas) e feche os olhos.
Respire profundamente algumas vezes e relaxe completamente. Agora comece a entoar uma palavra como "Aum" ou mesmo "Om manipadme hum". Você pode desenvolver seu próprio canto se este não parecer ajudar.
Continue a entoar por 15 a 20 minutos e não abra seus olhos ou se distraia.
Faça isso duas vezes ao dia, de preferência uma vez de manhã cedo e uma no final da noite.

Meditação Yoga

Meditação Yoga é a segunda técnica mais relaxante e calmante. A yoga é uma prática considerada como um ramo complementar da meditação. Ambas são geralmente praticadas juntas.

Método: Para realizar esse tipo de meditação, sente com suas pernas flexionadas e mãos alongadas. Agora ponha seu polegar direito na narina direita e inspire através da narina esquerda. Segure por alguns segundos e solte seu polegar, colocando o dedo indicador na narina esquerda.

Expire pela narina esquerda e espere 5 segundos. Agora inspire pela narina direita novamente e espere 5 segundos.Rapidamente solte a narina esquerda e cubra a direita com o polegar, exalando.

Repita esse procedimento por 10 minutos.

Faça isso duas vezes diariamente. Você pode fazer uma vez pela manhhã e uma à noite, ou sempre que tiver tempo. Executando esta técnica, você não apenas conquistará um ótimo corpo, mas também uma mente em paz.

Meditação em caminhada

O próximo tipo de meditação é considerado como provedor de benefício dobrado. Não apenas ajudará em ter uma mente tranquila, mas também ajuda a exercitar o corpo. Na verdade, esta técnica meditativa tem mais benefícios que estes e praticando regularmente, você pode aproveitar todos eles.

Meditação em caminhada é muito mais que simplesmente passear no parque. Preferencialmente, você deveria conduzi-la mais lentamente do que as caminhadas comuns enquanto coordena com práticas de foco específicas, ou sua respiração. Diferente deas meditações feitas na posição sentada, a meditação em caminhada requer que se mantenha os olhos abertos, com o corpo em pé e se movendo, e é associada com um pouco mais de interação com o mundo externo. Uma vez que seu corpo está em movimento, é muito mais fácil permanecer no momento presente e estar atento às sensações do corpo. É por essa razão que a maioria das pessoas consideram a meditação em caminhada mais fácil do que as meditações sentadas.

Indicadores

Aqui estão alguns fatores para ter em mente, com respeito a qualquer tipo de meditação em movimento:

Lugar

Primeiramente, você pode achar a prática um pouco esquisita, sendo esse o porquê de ser recomendável começar em seu quintal. Se você decidir caminhar fora, procure um local isolado, livre de distrações e perturbações. Evite áreas muito populosas e de tráfego intenso. Além disso, certifique-se de que seus arredores são relativamente seguros.

Duração

A duração ideal de sua prática de meditação em movimento é pelo menos quinze minutos. Entretanto, uma vez que ela não vem com o desconforto associado a meditações sentadas, na verdade pode ser realizada por períodos extendidos.

Ritmo

Lento é preferível. Você deve manter um ritmo firme e uniforme, e se sua mente está inquieta ou você está tendo dificuldades ara focar, mantenha um ritmo bastante lento até conseguir ficar no presente a cada passo.

Ancoragem

Antes de iniciar sua meditação em movimento, fique em pé por um ou dois minutos, respirando profundamente e focando no seu corpo.

*Equilibre o peso do seu corpo sobre os dois pés enquanto estiver parado, com os pés separados. Aproveite um momento para acolher a estabilidade do solo
*Respire profundamente
*Com os olhos fechados, conduza um escaneamento completo do corpo, começando pelos seus pés. Observe qualquer sentimento, pensamento ou sensação, e use esse tempo para reconhecer as sensações completamente
*Desvie sua atenção para seu corpo, observando a sensação de vseu corpo parado, e se tornando consciente de todas as sensações acontecendo em todo o seu corpo

Técnica
Você pode escolher uma das 6 técnicas elaboradas aqui.

Refoco
A qualquer momento que perceber outros pensamentos tomando conta de sua mente, gentilmente retorne sua atenção para a respiração e caminhada.

Atitude

Você não tem nenhum destino em particular, ou qualquer coisa a realizar além de controlar sua presença e atenção. Apenas acolha o processo.

Benefícios da meditação em movimento

*Meditação em movimento é associada à uma habilidade de focar, que você pode facilmente incorporar em seu cotidiano.

*Meditação em movimento pode ajudar aqueles que conduzem longas sessões de meditação sentada para superar a letargia e torpor que inevitavelmente se seguem. Além disso, ela dá a oportunidade de restabelecer o corpo.

*Caminhar também pode ser revitalizante quando se está lento ou cansado. As sensações associadas à caminhada podem ser mais poderosas do que as sensaões mais triviais de respirar durante meditações paradas. Você achará caminhada particularmente auxiliadora depois de uma longa sessão de meditação sentada, ao acordar ou depois de uma refeição. Ainda, meditação em movimento pode ser muito relaxante em tempos de stress ou emoções fortes. Um bônus é que, quando você faz isso pode muito tempo, pode desenvolver sua força e vigor.

*O simples ato de caminhar tem demonstrado ter diversos benefícios à saúde.

Há vários tipos de meditação em movimento. Vamos ver alguns deles.

1. Meditação em movimento Theravada

Meditação em movimento é uma parte significante do estilo de vida e treinamento budista Theravada. Muitos monges em mosteiros na Tailândia são conhecidos por caminhar por várias horas para melhorar sua concentração – às vezes até 10 ou 15 horas por dia. É aconselhávem andar por um único caminho em vez de vagar para evitar obstáculos físicos que sua com que sua mente seria forçada a lidar. Por exemplo, é necessário um certo esforço mental para, digamos, saltar uma pedra ou evitar uma cadeira. Por outro lado, ir e voltar logo familiarizará sua mente com a rota, eliminando o fator solução de problemas.

Instruções
*Procure um caminho reto, de aproximadamente nove a doze metros de comprimento
*Use sapatos leves ou pratique descalço
*Fique em pé, com seus olhos desviados aproximadamente um metro e meio a sua frente, sem olhar para nada específico. Você pode achar útil manter suas pálpebras parcialmente fechadas.
*Durante a caminhada, desvie todo seu foco para as solas dos pés, nos sentimentos e sensações enquanto elas chegam e se vão. Experimente a tensão nos seus pés e pernas ao erguer a perna. Observe o movimento da sua perna enquanto ela desliza no ar. Sinta as sensações. Enquanto seu pé faz contato com o solo novamente, uma nova sensação surge. Mude sua atenção para aquele sentimento, enquanto a experimenta pelas solas dos pés. Novamente, enquanto ergue o pé, tome uma nota mental da sensação como ela se desenvolve. Durante cada novo passo, você experimentará novos sentimentos e

perderá as velhas sensações. Você deve observar isso com atenção plena.

*Vá e volte pelo mesmo caminho. Ao chegar ao final da trilha, pare completamente, vire-se, pare novamente e então siga na direção de onde você veio.

*Verifique se sua mente está nas solas dos pés no começo, meio e fim do caminho, e então reestabeleça a atenção plena. A cada vez que você perceber sua mente divagando; gentilmente desvie sua atenção para o pé e a sensação de contato com a superfície.

*Durante a meditação, sua velocidade pode variar. Tente observar o ritmo que mantém a sensação mais íntima com a experiência física.

*A qualquer momento que você sentir que sua mente está entrando mais profundamente em tranquilidade, e tem vontade de simplesmente sentar ou ficar parado para praticar, faça isso.

*Deixe tudo ir, e comprometa sua atenção na experiência de caminhar.

Desafios

Se você encontra pensamentos ou emoções poderosas tomando conta da sua mente, é frequentemente aconselhável parar e observá-las. Você pode retomar a meditação quando elas pararem de serem evolventes.

Em algumas instâncias você pode encontrar sua atenção desviando para objetos bonitos ou interessantes nos arredores. Se isso virar um obstáculo, pare de andar e faça uma meditação de observação. Uma vez que tenha terminado de olhar, você pode continuar andando.

Por outro lado, se você se encontrar ficando sonolento durante a meditação em movimento, você pode precisar usar um mantra para ativar sua mente, em vez de acalmá-la, de modo a ficar mais focado e alerta. Um exemplo de um excelente mantra é *buddho*, que você pode recitar para si mesmo repetidamente. Se sua mente insiste em divagar, aumente a velocidade da repetição. Outra solução eficiente seria aumentar a velocidade da caminhada.

2. Meditação em movimento zen

Esta é conhecida como kinhin no Japão, e envolve caminhar em uma postura muito particular em sentido horário em torno de uma sala. Normalmente, é realizada entre sessões de meditação sentada.

*Fique em pé, e mantenha sua coluna ereta, mas não rígida

*Experimente a sensação dos seus pés fazendo contato com o solo, e distribua o peso igualmente

*Dobre o polegar da sua mão esquerda e o envolva com seus dedos. Repouse-a levemente sobre o umbigo. Cubra com sua mão esquerda, deixando seu polegar direito repousar no espaço formado entre seu dedo indicador e o polegar esquerdo.

*Seu olhar deve mirar aproximadamente 1,5 a 2 metros à sua frente, sem foco.

*Dê um pequeno passo a cada respiração completa, começando com seu pé direito.

*Mantenha sua mente e corpo em movimento, uma respiração concentrada e equilibrada. Mantenha sua atenção nos passos e na respiração.

    3. Meditação em movimento ThichNhatHanh

Quando você pratica a meditação em movimento, seu destino está em cada momento. O momento presente é seu verdadeiro lar.Uma vez que você esteja profundamente engajado no momento presente, seus lamentos e arrependimentos desaparecem, e você descobre todas as maravilhas da vida. Inspirando, você diz a si mesmo que chegou, e ao expirar, diz que está em casa. Isso controla a dispersão, e você mergulha serenamente no presente, que é o único momento significante para estar vivo.

Esta forma de meditação em movimento é diferente das outras técnicas, ao aproveitar afirmações para gerar estados mentais positivos.

*Comece caminhando devagar, com conforto e calma

*Esteja atento a cada movimento, cada passo. Mantenha sua atenção no momento presente

*Repita qualquer um dos versos a seguir enquanto caminha:

4. Meditação em movimento de atenção plena

Esta é uma modificação da meditação em movimento tradicional budista, para o movimento moderno de atenção plena.É uma rática de monitoramento aberto, oposta à prática de atenção focada ou concentração. Em suma, sua atenção não está inteiramente baseada nas solas dos pés, mas nas várias percepções e sensações do momento presente.

Indicações gerais incluem:

*Esteja atento à experiência de caminhar, e engaje sua consciência à essa experiência

*Preste atenção à sensação dos seus pés fazendo contato com o solo – o equilíbrio consistente do seu corpo e o movimento dos músculos. Observe qualquer área de dor ou rigidez em seu corpo e relaxe-as conscientemente

*Preste atenção à localização do seu espaço – a temperatura, os ruídos ao redor, e assim por diante
*Esteja atento ao início, meio e fim da sua passada
*Deixe sua consciência se mover por cada parte do seu corpo, observando as sensações enuqanto caminha. Escanieie todas as partes do seu corpo gradualmente, movendo sua atenção para a cabeça, pescoço, braços, ombros, peito, costas, pelve, quadril, coxas, panturrilhas e tornozelos.
*Traga sua consciência aos seus estados emocional e mental. Observe o estado da sua mente. Ela está focada, enevoada, ocupada ou calma?

5. Meditação yoga em movimento

A maioria das meditações yoga tradicionais sempre demonstram ser sentadas. No então, há uma adaptação que envolve coordenar vários tipos de pranayama com os seus passos. Isso é geralmente mais desafiador quando comparado com outros tipos de meditação em vmovimento, no que diz respeito à respiração. Pranayama consiste em guiar sua respiração ativamente, em vez de simplesmente observá-la, como nas outras práticas. Quando está na posição sentada, você pode precisar de treinamento prévio nesse tipo de respiração para realizá-la confortavelmente.

Há diversas práticas poderosas de of pranayama, mas antes de iniciar qualquer um dos exercícios explicados abaixo, reserve um momento para acalmar sua respiração. Respire profundamente por alguns minutos enquanto se levanta, antes de continuar com os passos.

Exercícioum:

Este exercício envolve inspiração, retenção e expiração, todas pela mesma quantidade de temo.

*Inspire por quatro passos (segundos)
*Segure sua respiração por quatro passos
*Expire lentamente por quatro passos
*Segure por quatro passos

Você pode aumentar ou diminuir o número de segundos para cada fase, dependendo da sua capacidade.

Exercício dois:
Este é ligeiramente mais desafiador que o exercício anterior, e envolve inspirar, segurar e exalar em uma proporção de 1:4:2 passos.
*Inspire por três passos
*Segura sua respiração por doze passos
*Expire lentamente por seis passos

6. **Meditação daoísta em movimento**

As meditações em movimento na tradição chinesa prestam mais atenção à saúde física.Entretanto, há outras que usam a visualização para sincronizar mente e corpo, e algumas que são mais livres. Os exercícios explicados aqui não são apresentados em uma ordem particular, nem são requisitos uns para os outros.

Exercício um: bola de energia
*Caminhe normalmente, mas em um ritmo mais lento
*Inspire por três, seis ou doze passos, e então expire pelo mesmo número de segundos Mantenha por algum tempo enquanto está apenas em pé, para se acostumar ao ritmo.

*Comece a caminhar, incorporando visualização da energia. Durante sua inspiração, sinta/visualize o campo de energia o envolvendo, e durante a expiração, sinta/visualize o campo de energia se expandido como se fosse uma bola em torno de si.

Exercício dois: a força do Dantian

Comece a caminhar normalmente, mas mude seu foco para seu dantian (centro de energia). Visualize seu corpo sendo puxado sem esforço para esse centro para sua frente. Se você tem o hábito de se orientar com a pelve, peito ou cabeça, você achará esse exercício particularmente energizante e fundamentado.

Exercício três (caminhada marcial)

Há maneiras muito particulares de caminhar associadas às artes marciais Daoístas (Xingy, Bagua, Taiji). Naturalmente, estas incluem algum nível de treinamento mental também, mas elas são mais focadas em desenvolvimento marcial ou em sua saúde física.

Exercício quatro (caminhada sem destino)

Este exercício usa o conceito de wuwei (não-fazer) para se mover sem destino ou propósito, e sem esforço mental ativo.
*Procure uma rota de terreno plano onde você não será interrompido pelo que há ao redor. Deve ser tão vazio, calmo, quieto, isolado e seguro quanto possível de modo a minimizar distrações. Você também pode usar uma trilha interna.
*Deixe o caminho ser extensivamente reto ou circular para reduzir a necessidade de ajustar a direção
*Durante os primeiros estágios de sua caminhada, preste especial atenção aos arredores, para tomar nota mental de tudo. Então ignore o entorno
*Use roupas e sapatos confortáveis, e carregue tudo o que for necessário para reduzir inseguranças, mas certifique-se de que não é incômodo.
*Mantenha um ritmo leve, sem prestar atenção ao que está à sua volta. Regule o ritmo para esquecer sua passada. Desvie sua atenção de seu estado meditativo de tempos em tempos para ajustar sua caminhada o quanto for necessário.

Caminhar é bom para sua saúde, e é aplicado em várias tradições espirituais para treinar mente. Geralmente, o ThichNhatHanh e a caminhada de atenção plenas são consideradas as formas mais simples de começar.A Zen e a Theravada são práticas mais focadas que podem contribuir muito para melhorar a meditação. Meditação yoga, por outro lado, é mais benéfica para treinar sua respiração, enquanto as meditações daoístas são mais concentradas na energia.

Capítulo 6: Meditações sentadas

Estes tipos de meditação são geralmente classificadas em duas categorias, dependendo de como elas concentral atenção: monitoramento aberta e atenção focada.

Meditação de atenção focada
Estes tipos de meditçaão envolve encontrear em um único objeto durante a prática. Este pode ser um objeto externo, parte do seu corpo, visualização, um mantra, sua respiração, e assim por diante. À medita que avança, sua habilidade de manter o foco no objeto selecionado se torna mais forte, e você perceberá as distrações diminuindo, ficando mais curtas. Na verdade, tanto a firmeza quanto a profundidade da sua atenção são melhoradas. Exemplos incluem algumas formas de Qigong, Pranayama, meditação com mantra, meditação com som, meditação kundalini, chakra, gentileza, algumas formas de zazen, meditação budista (Samatha) e muitas outras.

Meditação de monitoramento aberto
Neste tipo de meditação, você mantem a atenção aberta, observando todos os aspectos da sua experiência sem apego ou julgamento, em vez de concentrar em um único objeto. Você reconhece todas as percepções pelo que elas são, sejam elas internas (memórias, sentimentos, pensamentos, etc.) ou externas (cheiros, sons, etc.) Em outras palavras, é monitorando o conteúdo de sua experiência de tempos em tempos sem reagir ou mergulhar nelas. Exemplos incluem algumas formas de meditação taoísta, vipassana, e atenção plena.

Presença sem esforço
Este é o estado em que sua atenção repousa em si mesma – firme, vazia, quieta e introvertida – em vez de se concentrar em algo específico. Pode também ser chamada de "apenas ser" ou "consciência sem escolha".

Na verdade, esta é a real ideia por trás de todos os tipos de meditação. Todas as técnicas de meditação tradicional reconhecem o fato de que o objetivo é simplesmente treinar sua mente para atingir estados mais profundos e sem esforço de silêncio interior. Finalmente, você terminará pulando o processo de monitorar e o objeto de foco permanece com seu verdadeiro eu. De fato, algumas técnicas mantém esse foco desde o início. Exemplos incluem alguns tipos avançados de raja yoga, alguns tipos de meditação taoísta, mahamudra, dzogchen, ramanamaharishi e a meditação de autoconsulta.

Meditação Budista

✓*Zazen (meditação Zen)*

Zazen é uma palavra japonesa que significa "meditação sentada" ou "Zen". É originária da tradição zen budista chinesa, e pode remeter ao século VI CE, quando era praticada pelo monge indiano Bodhidhama. As formas mais populares no Ocidente iniciaram no período entre 1200 e 1253 com DogenZenju, o pioneiro do movimento japonês Soto Zen.

Como realizá-la

Geralmente, esta meditação é praticada estando sentado de pernas cruzadas no chão, sobre uma almofada ou tapete. Era tradicionalmente feita na posição de meio lótus ou lótus, mas não há necessidade de mantê-la. A coisa mais significativa a ser observada é manter sua coluna completamente ereta, do pescoço à pelve. Adicionalmente, mantenha sua boca fechada e os olhos baixos, mantendo o olhar no chão, a aproximadamente 1,5 ou 2 metros à sua frente.

No que diz respeito à mente, você pode praticar de duas formas:

*Concentrando-se na respiração – desvie toda a sua atenção para o movimento da sua respiração à medida que ela entra e sai pelo seu nariz. Você pode facilitar o processo, contando as respirações mentalmente. Conte cada respiração, em contagem regressiva a partir de dez. Chegando ao um, recomece a partir do dez. Caso perca o foco e esqueça a contagem, lentamente volte seu foco para o dez e comece novamente.

*Shikantaza – Esta forma não requer o uso de nenhum objeto de foco em particular. Em vez disso, você permanece no momento presente o máximo possível, estando consciente e reconhecendo tudo o que passa tanto por sua mente, quanto no seu entorno, sem reagir a nada. É uma forma de prática de presença sem esforço. Zazen é um estilo de meditação bastante sóbria, e há várias comunidades fortes que a praticam. É particularmente consciente da manutenção da postura correta de modo a melhorar a concentração. Bastante popular em centros zen budistas, onde é frequente combinada com outros aspectos da prática budista: leituras em grupo dos ensinamentos de Buda, cânticos, alguns rituais, e prostrações.

✓Meditação Vipassana

Vipassana significa simplesmente "ver claramente" ou "percepção", e é uma antiga prática budista que pode remeter ao século VI a.C. Tem raízes nas tradições budistas Theravada, de onde foi popularizada pelo movimento Vipassana e S.N. Goenka.

Como executá-la

Preferencialmente, é necessário que comece sentando de pernas cruzadas no chão ou em uma almofada, com sua coluna ereta. Alternativamente, pode usar uma cadeira, sem apoiar suas costas. A primeira fase é estabelecer a concentração usando a prática da samatha. Normalmente, isso é feito usando a consciência da respiração. Mova todo o seu foco para o movimento da respiração de tempos em tempos. Observe as sensações triviais produzidas enquanto seu abdomen sobe e desce. Alternativamente, você pode concentrar na sensação experimentada quando o ar passa pelas suas narinas e toca a pele do lábio superior. Entretanto, isso é ligeiramente mais avançado e requer um pouco mais de pratica.

No processo de se concentrar em sua respiração, você observará outras sensações e percepções surgindo gradualmente: emoções, sentimentos no corpo, sons, e assim por diante. Apenas reconheça esses sentimentos à medida que eles chegam, e então mova seu focos novamente para a experiência da respiração. Certifique-se de que mantém sua atenção na respiração enquanto mantém essas outras sensações e pensamentos em segundo plano. O foco principal da sua meditçaão é chamado de objeto primário. Todos os outros objetos que interferem com seu campo de percepção são chamados de objetos secundários, que podem surgir através dos 5 sentidos (coceira no corpo, cheiro, som, etc.) ou pela sua mente (sentimentos, memória, pensamento, etc.). Caso se distraia por um objeto secundário, você deve concentrar nele por um ou dois minutos, identificá-lo com uma nota mental como "desejando", "ouvindo", "memória" ou "pensamento". A maioria das pessoas chama essa prática de "anotação". A questão com uma nota mental é que ela tende a generalizar um objeto, em vez de detalhá-lo. Por exemplo, quando você percebe um som, o identifica como "ouvindo" em vez de "cão latindo", "vozes" ou "motocicleta". Por outro lado, se você observa um sensação desagradável, identifique-a como "sentimento" ou "dor" em vez de "dor nas costas" ou "dor no joelho", e então mude seu foco para o objeto primário.

Uma vez alcançando a concentração inicial, você é solicitado a desviar sua atenção para o objeto da sua prática, que é frequentemente sensações corporais ou pensamentos. Observe sem apego os objetos de sua consciência, permitindo que pensamentos e sentimentos venham e vão livremente. O exercício de identificação mental explicado acima é preferencialmente destinado a impedir que pensamentos dominem sua mente. Isso por sua vez ajuda a perceber que a sensação observada está infiltrada por 3 marcas de existência: annata (esvaziamento de si), dukkha (insatisfação) e annica (impermanência). Assim, você será capaz de desenvolver liberdade interior, paz e igualdade baseada nesses dados.

✓Meditação de atenção plena

A meditação de atenção plena foi adaptada das práticas convencionais de meditação budistas, mas também é baseada em outras linhagens,como o zen budismo vietnamita. Basicamente, atenção plena é uma tradução da palavra budista sati. Atenção plena da respiração, ou anapanasati, é uma parte da introdução ou meditação Vipassana, bem como de outras práticas de meditação budistas, como zazen.

Como realizá-la

A meditação de atenção plena consiste em conscientemente prestar atenção ao momento presente, reconhecendo e aceitando as emoções, pensamentos e sensações à medida que elas surgem. Para praticá-la, sente em uma cadeira ou no chão sobre uma almofada, com suas costas eretas e sem suporte. Esteja especialmente atento ao movimento da sua respiração. Esteja consciente de sua respiração ao inspirar, bem como da sensação produzida. Faça isso também ao expirar. Exercite isso durante a meditação, consistentemente traga de volta a atenção à sua respiração. Alternativamente, você pode mover sua atenção aos sentimentos, pensamentos e sensações que aparecem. O propósito é obter consciência do que acontece, em vez de acrescentar qualquer coisa ao seu momento presente. Sua mente tende a ser distraída por pensamentos, sensações e sons. Quando isso acontece, simplesmente traga sua atenção de volta para a respiração. Estar consciente da presença da sensação ou pensamento e totalmente diferente de estar dentro dele. É importante aproveitar sua prática de meditação. Quando você terminar, será capaz de apreciar a diferença entre mente e corpo.

Você também pode praticá-la durante suas atividades diárias: falando, comendo e caminhando. Para a meditação cotidiana, o objetivo é estar consciente do que está acontecendo no momento presente, em vez de viver no modo piloto automático. Por exemplo, ao falar, você precisa estar consciente das palavras saindo de sua boca, como as pronuncia, além de ouvir com atenção e presença. Por outro lado, ao caminhar, você precisa prestar atenção aos movimentos do corpo, os sons ao seu redor, a sensação do pé fazendo contato com o solo, e assim por diante. Sua prática diária complementa seu propósito na meditação sentada e vice versa. Ambas são igualmente significativas.

Normalmente, este é o jeito mais recomendável de entrar na meditação. É a forma mais popular de meditação em hospitais e escolas. O movimento moderno de atenção plena não é budismo nem del onge, mas há uma incorporação de práticas budistas baseadas em seus benefícios na saúde física e mental, além do bem estar de forma geral. Se há um tipo de meditação que a maioria das pessoas deveria fazer pelo resto de suas vidas, esta é a atenção plena, principalmente se você busca apenas os benefícios físicos e mentais da pratica. Entretanto, se você está buscando um desenvolvimento espiritual e transformação mais profunda, ela pode servir como um primeiro passo para você, depois pode seguir para o Zazen, Vipassana ou outras formas meditativas.

✓*Meditação de gentileza amorosa*

A meditação da gentileza amorosa é por vezes chamada de meditação Metta. Metta significa apenas boa vontade, benevolência e gentileza. Esta prática pode remeter a tradições budistas, particularmente as linhagens tibetana e Theravada. A eficácia da meditação de gentileza e outras praticas relacionadas tem sido demonstrada em um campo scientífico contemporâneo conhecido como meditação de compaixão. Benefícios comprovados incluem aumento das emoções positivas devido à compaixão, incluindo aumento da sensação de propósito na vida, maior sensação de competência, aumento da autoaceitação e uma atitude mais amorosa com relação a si mesmo, além de aumentar sua habilidade de sentir empatia por outras pessoas.

Como realizá-la

Sente-se com os olhos fechados, e assuma uma postura meditativa. Gere em seu coração e mente sentimentos de benevolência e gentileza. Desenvolva a gentileza amorosa diretamente a si

mesmo primeiro, então progressivamente direcione-a para outras pessoas e para todos os seres. Esta progressão é geralmente aconselhada:
*Você mesmo
*Um amigo próximo
*Uma pessoa neutra
*Uma pessoa difícil
*Todos os quatro acima em proporções iguais
*Gradualmente para todo o universo

Normalmente, você está buscando desenvolver o sentimento de desejar bem estar e felicidade para todos. Você pode complementar essa prática recitando certas palavras/frases que estimulem a sensação de coração aquecido, visualizando o sofrimento de outras pessoas, e enviando amor. Alternativamente, você pode imaginar o estado de outra pessoa, e então desejar a ele ou ela paz e felicidade. Quanto mais você se envolver nessa meditação, mais agradável ela será.

Se você sente a necessidade de melhorar seus relacionamentos, ou se percebe sendo muito duro com os outros ou consigo mesmo, então você vai achar a meditação de gentileza amorosa especialmente útil. É útil tanot para os autocentrads quanto para os altruístas, e ajuda muito a promover seu senso geral de felicidade. É impossível experimentar qualquer sentimento negativo como depressão, e gentileza amorosa ao mesmo tempo. Na verdade, professores budistas frequentemente a recomendam como um antídoto para problemas com raiva, pesadelos e insônia.

Meditação Hindu
  ✓Meditação Mantra

Basicamente, um mantra é uma palavra ou sílaba, normalmente sem um significado em particular, que você repete com o objetivo de focar sua mente. Alguns professores acreditam que a pronúncia correta da palavra escolhida é tão significante quanto a palavra em si, por causa da vibração conectada ao sentido e o son. Assim, é essencial ter uma iniciação à prática. Por outro lado, algumas pessoas creem que o mantra é usado apenas para focar a mente, e que a palavra de escolha é totalmente irrelevante.

Você encontrará mantras particularmente populares nas tradições budistas, hindus, bem como no Daoísmo, Sikhismo e Jainismo. Meditação mantra é às vezes chamada de Meditação Om. Entretanto, este é apenas um entre os muitos mantras que você pode usar.

Como realizá-la

Como a maioria das formas de meditação, geralmente é pedido que se pratique com os olhos fechados e coluna ereta, então repetir os mantras em sua mente silenciosamente, consistentemente durante a sessão. Em alguns casos, você pode complementar é prática coordenando com sua respiração, ou estando consciente dela. Algumas pessoas preferem sussurrar o mantra levemente, para aumentar a concentração. Repetir o mantra leva a uma vibração mental que permite a mente entrar em um estado de consciência mais profunda. Durante a meditação, o mantra fica cada vez mais indistinto e abstrato, até que se alcance o

campo de total consciência onde a vibração se originou. O propósito de repetir o mantra é ajudá-lo a se desconectar de seus pensamentos e penetrar através deles. É uma ferramenta para melhorar sua prática de meditação. Você pode pensar nos mantras como palavras tradicionais de poder com intenções triviais que permitem conectar com seu espírito, onde tudo vem do universo. Alguns dos mantras mais populares com raízes na tradição hindu incluem:
*Ham
*Yam
*Rama
*Om manipadme hum
*Om namahshivaya
*So-ham
*Om
Você pode praticar por um determinado número de repetições, ou por um certo tempo. Caso decida seguir com o anterior, você tipicamente precisará de miçangas para manter a contagem. Ao se aprofundar na prática, você perceberá os

mantras continuando por si mesmos. O mantra pode até mesmo desaparecer completamente, deixando-o em um estado de profunda paz interior.

A maioria das pessoas acha a concentração com um mantra mais fácil do que com a respiração. Como mantras são palavras, e sua mente basicamente percebe palavras como pensamentos; então, focar em um mantra se torna automaticamente mais fácil do que com a respiração. Isso pode ser útil especialmente quando sua mente está preocupada com vários pensamentos, pois a meditação mantra pede bastante atenção. É também mais fácil incorporar seu estado meditativo em sua vida cotidiana usando um mantra.

✓*Meditação transcedental*
A meditação transcedental é um tipo especial de meditação mantra que foi apresentada em 1955 por Maharishi Mahesh Yogi na Índia e no Ocidente. Maharishi já tinha alcançado fama por se o guru dos The Beach Boys, Beatles e outras

celebridades entre o final dos anos 60 e começo dos 70.

A meditação transcedental é uma forma muito popular de meditação, com mais de cinco milhões de praticantes no mundo. Além disso, há diversas pesquisas científicas revelando os benefícios que podem ser obtidos pela prática. Entretanto, Maharishi tem sido também associado a algumas críticas, bem como algumas acusações de práticas duvidosas e comportamento sectário.

A meditação está se tornando cada vez mais popular como ferramenta de gestão da ansiedade, mas a experiência real de transcendência é muito mais eficiente que o relaxamento. O problema é que apenas recentemente o conhecimento de como transcender facilmente foi descoberto. Transcender tem sido descrito em textos antigos como uma experiência humana poderosa que é essencial para o completo desenvolvimento humano. Isso pode ser confirmado hoje em dia através da ciência moderna, que nos permite medir o que está acontecendo com o corpo e especialmente com o cérebro quando se está praticando meditação transcedental. Você percebe:

*Desenvolvimento cerebral holístico – quantificável pela medição das ondas cerebrais

*Felicidade interior – pode ser vista pelo aumento dos hormônios da felicidade

*Um estado profundo de relaxamento – muito mais profundo que o relaxamento normal, talvez mais profundo que o sono

Repouso profundo

Quando sua mente transcende o mais fino impulso de pensamento, ela alcança um estado de total silêncio interior, que acontece de uma maneira completamente natural, sem esforço. É impossível tentar silenciar a mente, mas não é necessáiro. Usar a técnica correta pode fazer sua mente alcançar isso por si mesma. Seu corpo e sua mente seguem de mãos dadas, e elas se acompanham onde que que vão. Ao atingir um estado profundo de repouso interior, seu corpo também atingirá um senso profundo de relaxamento físico. Estudos mostram que este estado de relaxamento é significantemente mais profundo que o descanso de olhos fechados ou o relaxamento comum, frequentemente mais profundo que o repouso que se experimenta durante o sono.

É relativamente fácil medir este repouso profundo objetivamente. Ao praticar a meditação transcedental, seu índice respiratório cai excessivamente em comparação com o repouso de olhos fechados. Outras medidas de relaxamento como o hormônio do stress plasma lactato e condutância basal revelam decréscimos similares, indicando um repouso muito mais profundo do que o relaxamento casual. Este repouso profundo estimula o poder interno de cura em seu próprio corpo. Relaxamento é o mesmo que relaxar tensões. Seu porpo tem um método natural de eliminar tensões que tendem a se acumular. Isso é geralmente alcançado através do sono, embora o descanso experimentado durante o sono nem sempre seja suficiente para se livrar de stresses mais traumáticos e profundos.

Em alguns casos, o resultado pode ser mais dramático quando você mais precisa. Um estudo sobre os efeitos da meditação transcedental foi conduzido com veteranos americanos da Guerra do Iraque, que revelou uma redução de 50 por cento na depressão e stress pós-traumático após oito semanas de prática.

Em busca da felicidade

O problema com o stress é que ele interfere com o funcionamento normal do cérebro, levando à queda de produção do hormônio serotonina, entre outras coisas. Níveis deficientes de serotonina afetam seu senso interno de felicidade e também tem sido associada a vícios, distúrbios alimentares, mal de Alzheimer, rompantes de raiva, ansiedade, distúrbios de sono, enxaqueca, e muitos outros. Você pode tentar influenciar o nível de serotonina (por exemplo, através de antidepressivos), mas é mais eficiente nos sintomas do que no real problema. Por outro lado, a experiência da meditação transcedental ativa a habilidade de cura do seu próprio corpo, de modo a retornar seu cérebro ao normal. O resultado é um aumento natural na produção de serotonina durante a meditação transcedental, e enfim um maior nível de equilíbrio, inclusive fora da meditação. Isso, por sua vez, promove todos os aspectos da sua vida.

Desenvolvimento cerebral mensurável
Além de beneficiar sua saúde, seus relacionamentos, sua autoestima e seu bem estar, transcender também promove o desenvolvimento cerebral. É fácil medir os efeitos, tais como a coerência EEG. A cada vez que seu cérebro está ativo, um eletroencefalograma pode ser usado para medir a atividade elétrica, com os resultados sendo apresentado em forma de onda. Hoje é possível retransmitir duas destas formas de onda para um computador de várias partes do cérebro, e matematicamente avaliar a extensão do quanto são coerentes, ou similares. Se você descobre uma alta coerência, significa que essas partes do seu cérebro funcionam juntas como uma única unidade. Basicamente, transcender é um estado de unidade. O resultado é o

desenvolvimento da coerência EEG além da prática de meditação transcedental. Aumento de coerência EEG tem sido conectada a pensamentos mais éticos, melhores reflexos, maior estabilidade emocional, mais criatividade, QI mais alto, etc.

Como pode-se aprender a transcender?
Meditação real é fácil e agrafável. Qualquer um pode aprender, e produz resultados imediatos. Você pode ser capaz de alcançar a experiência de transcender de uma forma sem esforço e completamente natural. É uma prática de total silêncio interior, que você não pode alcançar simplesmente tentando ficar em silêncio. Quanto maiores seus esforços, mais ativa fica a mente. Esta é provavelmente a razão pela qual a maioria das técnicas de meditação que precisam de concentração têm um impacto limitado. Ao experimentar os efeitos da transcendência, sua mente as recupera e, mais tarde, pode voltar espontaneamente, de forma totalmente natural e sem esforço, ao usar a técnica correta.

Diferente de outros tipos de meditação, as meditações com mantra não servem como um foco para a mente, mas como uma "ferramenta" na qual sua atenção lenta e inocentemente reside. Isso permite sua mente a alcançar gradativamente menores níveis de pensamento até que o mantra seja enfim transcendido e você alcance o silêncio. Entretanto, este processo requer dois elementos do mantra da meditação transcedental para ocorrer:

*É um som sem sentido – uma palavra com significado poderia manter sua mente engajada, pensando sobre a palavra em vez de transcender esse nível

*É uma ressonância em sua vibração, com a fonte sendo o cantarolar primordial, próximo ao nível feliz, silencioso da sua mente que a faz desaparecer naquela direção em particular. Há uma tendência para encantar e atrair sua mente, que está sempre buscando alcançar maior felicidade.

Qual é a origem dos mantras de meditação transcedental?

Os mantras de meditação transcedental podem remeter à Índia na antiga tradição védica. Elas são classificadas como sons em sânscrito, que é a língua que é mais próxima das vibrações naturais geradas pelo dinamismo do campo unificado – o campo que a ciência moderna atribui como a fonte de tudo, enquanto os yogis a chamam de Ego. Alguns mantras são associados a poderes curativos para certas partes do corpo, mas os mantras transcedentais são feitos para transcender, o que contém poderes curativos significativos para sua mente e corpo.

Como decidir o mantra de meditação transcedental?

Mantras de meditação transcedental existem aos milhares, mas há um número limitado destes que contém benefícios comprovados. Você pode decidir pelo mais adequado dentre alguns dos mantras usados por Maharishi.

É essencial que o mantra venha de um professor de meditação transcedental completamente qualificado, que tenha acesso a uma seleção de mantras herdados de professor para professor por milênios. Estes foram t4estados, atualmente e historicamente, conter benefícios para a vida. O professor recebe os mantras e as instruções para passá-las depois meses de treinamento rigoroso, e é esperado que o estudante recuse o mantra e o procedimento de qualquer outro. O objetivo disso é preservar a santidade dos ensinamentos, certificando de que todos recebam instrução completa e apropriada.

Basicamente, o ensinamento consiste de quatro aspectos cruciais que vão garantir a efetividade para você:

*Obter o mantra correto
*Aprender a usá-lo efetivamente
*Conquistar a habilidade de interpretar corretamente as experiências resultantes
*Obter livre orientação e apoio de um professor completamente treinado para o resto da vida

A falta de algum dos aspectos acima pode levar à prática incorreta, desistência completa da prática, e falta de progresso.

A maioria das pessoas acha desnecessário manter seu mantra em segredo antes de começar. Mas o mantra tende a se tornar pessoal depois de algumas meditações, especialmente pelo fato de ser um veículo que permite melhorar sua concentração, e sua mente começa a associá-la à experiência de aproveitar paz interior e quietude. Torna-se um amigo confiável e precioso. Ao cantar o mantra, passá-lo adiante ou dizê-lo em voz alta, você está o expondo e revertendo sua direção natural – o desprovendo de seu valor. Além disso, os mantras de meditação transcedental só são efetivos quando usados em um contexto. Dizê-lo ou usar o mantra sem orientação adequada de um professor pode não ser tão eficiente. Uma vez que a meditação transcedental é ensinada de uma maneira simples, mas eficiente, ao aprendê-la e colher seus benefícios, você com certeza quer que sua família e amigos a aprendam usando a maneira simples, aproveitável e eficiente. Dessa maneira, é muito difícil fazer mau uso do mantra, mesmo tendo dúvidas ao começar.

É importante notar que não é qualquer som que será efetivo. Diferentes mantras são associados a diferentes resultados. Mantras de meditação transcedental são um grupo de mantras desenvolvidos para ajudá-lo a experimental meditação profunda e restauradora, levando a uma integração entre atividade externa e silêncio interno – dinamismo em conjunção com o repouso profundo. 'Om' gera um impacto ambiental poderoso, que é ótimo se você está cantando em um grupo. No entanto, ao usá-lo como um mantra pessoal, só funcionará se você está tentando afastar-se da vida ativa.

Ao cantar o mantra, ele ajuda a manter seu corpo (garganta, boca, etc) em atividade, e consequentemente impede de entrar em um estado de repouso profundo e natural que é associado à meditação transcedental. Além disso, o canto controla sua mente e a impede de mergular no silênico, como é naturalmente inclinada a fazer. A ciência moderna tem na verdade provado que estes níveis de vida mais profundos e mais quietos são mais poderosos. Da mesma formja, os mantras tem um impacto muito mais poderoso quando recitados em sua mente, em vez de cantá-los. Entretanto, você só pode alcançar o impacto mais poderoso ao transcender o mantra no processo da meditação transcedental.

Treinamento de um professor qualificado não pode dar errado, e sempre será eficiente, uma vez que é um processo natural. Raramente alguém tem a sensação de que seu mantra está errado, mas quando isso acontece, é frequentemente um sinal de uso incorreto, o que pode ser facilmente corrigido por seu professor.

✓Meditações yoga

Meditação yoga é um termo relativamente objtivo, e é usadoa como referência a diversos tipos de meditação associadas à tradição yoga. A palavra "yoga" significa "união" e sua tradição pode remontar à 1700 a.C. Seu principal objetivo é autoconhecimento e purificação espiritual.

Yoga clássico categoriza a prática em meditações contemplativas (Samadhi, dhyana, dharana, pratyahara), exercícios de respiração (pranayama), posturas físicas (asanas) e as regras de conduta (niyamas e yamas).

Como realizá-la
Os seguintes tipos de meditação são praticados na yoga, com a meditação do terceiro olho sendo a mais comum e mais amplamente praticada.

*Meditação de observação
Esta envolve focar o olhar em um objeto externo, basicamente um símbolo, uma imagem ou uma vela. Você a executa com os olhos abertos, e então os fecha para exercitar sua visualização e habilidades de concentração. Assim que fechar seus olhos, terá de manter a imagem no olho da sua mente.

*Meditação chacra
Esta consiste em focar em um dos 7 chacras do seu corpo, basicamente denominados como centros de energia. Você pode fazer isso se envolvendo em um pouco de visualização, e então entoar

um mantra particular para cada chacra (om, ham, yam, ram, yam, lam). É frequentemente feito no chacra da cabeça, terceiro olho, e chacra cardíaco.

Meditação do terceiro olho
Envolve concentração no espaço entre suas sobrancelhas, frequentemente chamado chacra ajna ou o terceiro olho. Você precisa redirecionar sua atenção constantemente para este ponto de modo a silenciar sua mente. Os espaços silenciosos entre seus pensamentos tornam-se continuamente mais profundos e amplos. Em alguns casos, você pode observar fisicamente através do espaço com seus olhos fechados.

Meditação Kundalini
A forma Kundalini de meditação busca ajudá-lo a se curar de dentro para fora. Não é apenas benéfico para a mente, mas também tem um impacto enorme no corpo. Você se sentirá leve e totalmente rejuvenecido.

Esta prática é na verdade bastante complicada. A ideia é despertar a energia kundalini que está adormecida na base da sua coluna para desenvolver diversos centros psíquicos em seu corpo e, finalmente, iluminação. Entretanto, esta prática tem sido associada a vários perigos, e você deve consultar um yogi qualificado antes de testá-la.

Método: para realizar esta meditação, encontre um canto quieto e assuma a posição de lótus.

Agora imagine uma bola de luz vinda do seu primeiro chacra ou roda imaginária, que está localizada atrás do seu osso púbico. A bola é muito pequena. Ela então se move para a segunda roda que está localizada em seu estômago, e se torna ligeiramente grande. Então move-se para a terceira, que está no coração e torna-se levemente maior. A bola então vai para sua garganta, depois o cérebro e, finalmente, sai pelo topo da sua cabeça, depois de ter coletado todos os seus problemas e stress.

Faça isso duas vezes ao dia, 10 minutos por vez.

Kriya Yoga

Este é um conjunto de exercícios de meditação, respiração e energização instruídos por Paramahamsa Yogananda. É mais eficiente para pessoas com um temperamento devocional, que estão buscando alcançar os elementos espirituais da meditação.

Nada yoga (Meditação de som)
Esta envolve concentração no som. Começa por meditar em sons externos, por exemplo música ambiente relaxante como música de flauta. Aqui, você move toda sua atenção para apenas ouvir, em uma tentativa de silenciar e acolher sua mente. Com o tempo, você conseguirá ouvir os sons internos da sua mente e corpo. Finalmente, seu objetivo é ser capaz de ouvir o para nada, ou o último som, que é manifestado como "OM" e não tem vibração.

Tantra
A maioria das práticas de tantra no Ocidente são geralmente associadas a sexo ritualizado, que não é seu propósito original. Tantra é uma tradição extremamente rica que consiste de

diversos exercícios contemporâneos diferentes.

Pranayama

É basicamente regulação da respiração. Tecnicamente, não é um estilo de meditação, mas uma ótima prática que pode ajudar a acalmar sua mente e preparar o caminho para a meditação. Pranayama consiste de diversos tipos diferentes. Entretanto, o 4-4-4-4 é o mais fácil e mais ensinado. Envolve respirar em quatro tempos, segurar por quatro segundos e exalar por mais quatro segundos. A respiração deve ser feita pelo seu nariz, permitindo que o abdomen se mova, e não seu peito. Repita por algumas vezes. Os benefícios da respiração regulada incluem tranquilizar seu corpo e equilibrar seu humor, com o bônus adicional de poder praticá-lo em qualquer lugar.

Yoga é um costume extremamente rico que é associado a diferentes linhagens. Assim, há diversas outras técnicas. Entretanto, as mencionadas acima são as mais populares e relativamente simples de praticar.

É muito fácil descobrir o tipo correto de meditação que se adequa a você, com todos os diferentes estilos disponíveis. Se você é músico, provavelmente poderia usar o nada yoga. Por outro lado, se você é um indivíduo devocional, kriya yoga é mais adequado a você. Você só deve experimentar meditação chacra e kundalini com a orientação de um professor. Como dito antes, a meditação do terceiro olho é provavelmente a mais fácil de experimentar, sendo menos complexa e produzindo resultados relativamente rápidos.

✓ *Meditação "Eu sou"e auto-questionamento*

Auto-esquinamento é derivado da expressão em sânscrito atmavichara, que se refere a investigar sua real natureza, descobrir a resposta para quem você é. Textos indianos antigos contêm referências a este tipo de meditação, mas sua popularidade e expansão pode ser atribuída ao astuto indiano do século vinte Ramana Maharshi, que viveu entre 1879 e 1950. Esta técnica e suas variações são fortemente usadas no movimento atual de não dualidade, que é significantemente influenciada por seus ensinamentos.

Como praticá-la
Esta é uma prática muito simples, mas sutil. Entretanto, explicá-la pode soar extremamente abstrato. Seu ego, ou senso do eu, é o centro de seu universo. Ele existe, de uma forma ou de outra, por trás de todas as suas percepções, memórias e emoções. Mas o dilema é que a maioria das pessoas ainda não está familiarizada com o que esse "ego" é, frequentemente confusa com suas identificações, papeis, mente e corpo. Pode muito bem ser o maior mistério da sua vida.

A prática do auto-questionamento envolve se perguntar "Quem eu sou?". É importante deixar de lado qualquer resposta verbal, e deixar essa pergunta agir como uma ferramenta para fixar seu foco no senso subjetivo do "eu". Integre-se, e aprofunde-se nisso. Dessa forma, você descobrirá seu verdadeiro "eu", sua real identidade como consciência total, além de toda limitação. Não é seu caráter, mas um senso de existir subjetivo, puro – desprovido de qualquer amarra conceitual ou de imagem. A cada vez que perceba pensamentos e sentimentos enchendo sua cabeça, pergunte-se na direção de quem essas sensações estão se levantando. Claro, a resposta deve ser "a mim". Agora, pergunte-se quem você é, para mover sua atenção para o senso subjetivo de si. Você também pode explanar essa prática focando sua mente no senso de ser. Mantenha sua puresa, sem associá-la a nada que perceba.

O "eu" em todas as outras formas de meditação é geralmente concentrada em algum item, externo ou interno, mental ou físico. Por outro lado, o "eu" no auto-questionamento está concentrado em si mesmo como o sujeito. Essa prática não tem uma posição especial, mas as recomendações gerais sobre ambiente e postura podem ser bastante úteis para iniciantes.

Meditação Chinesa
✓Meditações taoístas

O taoísmo pode remeter a Laozi, ou Lao Tzu, e é uma religião e filosofia chinesa. Ela enfatiza a vida de acordo com Tao, ou a Natuzesa, sendo Tao TeChing o texto principal, remontando ao sexto século a.c. Práticas posteriores de meditação budista tiveram alguma influência em algumas linhagens taoístas, particularmente durante o oitavo século d.c. Este tipo de meditação é caracterizado principalmente pela circulação, transformação e geração de energia interna. A ideia é encontrar paz interior, unificar seu corpo e espíruto, acalmar sua mente e corpo, e encontrar harmonia com a natureza. Alguns tipos de meditação taoísta são especialmente desenvolvidas para melhorar a saúde e prover longevidade.

Meditações taoístas tem várias coisas em comum com os sistemas budista e hindu, sendo a única diferença que o modo taoísta é mais simples e menos abstrato se comparado às tradições adicionais que evoluíram na Índia. Uma vez que tenha alcançado a energia, você pode então aplicá-la em promover longevidade e saúde, nutrir sua "criança" espiritual ou auto-indulgência sensual, pintura e poesia, cura, artes marciais, imortalidade, e qualquer coisa que deseje fazer com ela.

Ding (foco, concentração) e jing (calma, quietude) são as duas principais orientações da meditação taoísta. A ideia por trás da quietude, tanto física quanto mental, é direcionar sua atenção para dentro, e se livrar de informações sensoriais externas. A partir dessa quietude, você pode concentrar sua mente e focar sua atenção, principalmente na sua respiração, então poderá desenvolver "uma consciência direcionada", que é basicamente um mindset completamente sem perturbações, sem distrações e sem diferenciações, que permite o desenvolvimento espontâneo de insights intuitivos.

Mestres taoístas dizem que sua mente está atrelada a ser não cooperativa durante os estágios iniciais da prática. Esta é sua mente emocional, ou ego, resistindo à própria extinção contra os poderes mais altos da consciência espiritual. Suas emoções e seu ego farão todo o possível para evitar serem dominadas; elas se desenvolvem no turbilhão emocional diário e entretenimento sensorial, indiferente ao fato de que esse jogo drena sua energia, esgota seu espírito e degenera seu corpo. Caso encontre sua mente divagando na fantasia, ou sendo distraída por fenômenos externos, os próximos seis caminhos podem ajudar a clarear sua mente e devolver o foco interno:

*Leve de volta sua atenção para o processo de respirar, ou para a energia fluindo para dentro e fora de um ponto significativo, como entre suas sobrancelhas.

*Preste muita atenção ao subir e descer de seu umbigo, e a extensão e contração de seu abdomen enquanto respira

*Com os olhos parcialmente fechados, concentre sua visão em uma mandala ou a chama de uma vela. Desvie seu foco para

o centro da figura ou da chama, mas também use sua visão periférica para por os limites em perspectiva.

*Envolva-se em alguns minutos de meditação mantra para focar sua mente e harmonizar sua energia. Embora mantras sejam na maioria das vezes associadas a práticas budistas tibtanas e hindus, elas tem sido empregadas por taoístas por vários milênios. "Om" é uma das sílabas mais eficientes, conhecida por estabilizar seu corpo. "Ah", por outro lado, é eficiente em harmonizar energia, enquanto "hum" tende a concentrar o espírito. "Hum" vibra no seu coração, "ah" em sua garganta, e "Om" em sua testa, com as cores associadas sendo azul, vermelho e branco, respectivamente. Entoe essas sílabas em um tom baixo, profundo, e use exalações longas e completas para cada uma delas.

*Envolva-se no "tamborilar celestial" para uma ferramenta de relaxamento, reunião de energia. As vibrações vão eliminar distrações sensoriais e pensamentos discursivos de sua mente.

*Visualize um símbolo sagrado ou divindade de importância pessoal brilhando sobre sua cabeça ou pendurada à sua frente. Uma vez que sua mente tenha reestabelecido a quietude, estabilidade e limpado todas as distrações, permita a visão passar e desvie seu foco de volta para a respectiva técnica meditativa.

A meditação taoísta é eficiente em todos os 3 níveis dos seus "3 tesouros": mente (espírito), respiração (energia) e corpo (essência).

*A primeira coisa que você precisa fazer é assumir uma postura confortável, equilibrar seu peso, endireitar sua coluna e estar atento às sensações físicas como tremor, cócegas, frio, calor ou o que quer que apareça.

*Alcançando conforto e equilíbrio, concentre-se no segundo nível, que é energia e respiração. Você pode decidir se concentrar em sua respiração enquanto ela passa por suas narinas e pelos seus pulmões, ou na energia específica indo e vindo de um certo ponto conectado com sua respiração.

*O espírito é o terceiro nível, quando sua respiração está controlada, e a energia está fluindo suavemente pelos canais. Concentre-se nas imagens e visões aparecendo e desaparecendo, inspirações e percepções surgindo espontaneamente, consciência se estendendo e contraído a cada respiração, e os pensamentos e sentimentos sendo gerados e dissolvidos em sua mente. Enfim, você pode até receber flashes intuitivos de percepção envolvendo a última natureza da sua mente: vazia e aberta como o espaço; desimpedida e infinita; luminosa e clara como o dia..

No que diz respeito à postura correta para a prática, há duas posturas que são muito usadas na meditação taoísta:

*Sentar ereto em uma cadeira ou banco baixo, ombros afastados e pés paralelos, espinha ereta, joelhos arqueados em um ângulo de noventa graus. Os benefícios de usar um banquinho é que suas pernas não terão câimbras, as solas dos seus pés estão diretamente conectadas à energia do universo, e permite a energia interna fluir suavemente sobre o torso inferior e superior.

A maioria das pessoas que usa a meditação taoísta tende a usar ambas as técnicas, dependendo das circunstâncias. Se você decidir sentar com as pernas cruzadas, é aconselhável sentar em almofadas grossas e firmes, e talvez colocar uma ou duas listas telefônicas sob elas assim poderá elevar sua pelve e aliviar a pressão de seus joelhos e pernas. Isso também é eficiente em manter sua coluna ereta sem forçar sua coluna lombar.

O posicionamento das suas mãos é igualmente significante. Repousar suas palmas levemente sobre as coxas, logo acima dos joelhos, é a posição mais confortável e natural. Entretanto, há alguns meditadores que acham mais conveniente empregar os gestos tradicionais, ou "mudras". Pratice com diferentes combinações se mudra e postura até alcançar o estilo mais adequado para você. Mestres taoístas sugerem três formas principais de controlar a mente fogo de sentimentos, com a mente água de esclarecer, para perceber seus objetivos na meditação.

A primeira técnica é chamada de "pare e observe", que envolve ser observador de como os pensamentos são formados e dissolvidos em sua mente, e aprender a deixá-los passar sem julgamento ou mergulhar neles. Isso leva ao desenvolvimento do esvaziamento padrão de cada pensamento, além do não apego da ascenção e queda de impulsos emocionais. Com o tempo, você aprende a simplesmente dar de ombros à intrusão de pensamentos distrativos, em cujo caso eles param de surgir por causa da falta de atenção.

A segunda técnica é chamada de "observe e imagine". Significa apenas visualização. Envolve ter a intenção de visualizar uma figura, como uma estrela, a lua, um símbolo sagrado, Jesus, Buda, ou qualquer outra coisa assim você pode direcionar seu foco mental das suas emoções e pensamentos, e estabilizar sua mente em uma consciência direcionada. Alternativamente, você pode visualizar um centro específico de energia no centro do seu corpo, ou prestar atenção ao som real ou imaginário de um címbalo, gongo ou sino tinindo em seus ouvidos. O sujeito do seu foco não é relevante: a única coisa que importa é redirecionar sua atenção de pensamentos improdutivos, fantasias, emoções conflituosas e outras artimanhas, e em vez disso concentrar sua atenção em um ponto sólido de foco determinado por sua "mente sábia" ou a mente de intenção.

O terceiro passo em recuperar o controle da sua mente é conhecido como "usar a mente sábia para guiar energia". Uma vez que tenha regulado sua respiração e acalmado sua mente emocional, o próximo passo é concentrar em sua energia interna. Aprenda a guiá-la pela rede meridiana então você pode revitalizar órgãos essenciais, guiar energia do seu sacro para a cabeça para energisar o cérebro e o espírito, e troque ejerg9a 0bs0peta -0r ejerg9a renovada vindo de fontes externas (céu) e a terra. Comece concentrando no campo elixir mais baixo em seu abdomen, e então redirecione a energia ali para seu períneo, para o cóccix, ao longo dos centros espinhais, e para sua cabeça. Em seguida, mova seu foco do elixir superior entre suas sobrancelhas. Embora isso possa parecer relativamente esotérico e vago para um iniciante, quando praticar por alguns meses, você vai enfim colher os benefícios do diverso mundo de energia e consciência escondido em sua mente e corpo, especialmente combinando com hábitos alimentares adequados e chi-gung. Você apenas tem de manter a quietude e o silêncio por tempo o bastante para a mente desenvolver consciência dela.

Antes de parar para meditar, é sempre uma boa ideia abrir suas redes de energia e aquecer seu corpo usando algumas práticas chi-gung. Isso promove a circulação de energia interna, e permite que você fique sentado por períodos estendidos sem ficar anestesiado ou rígido. Ao terminar, evite banhos por pelo menos 20 minutos, assim a energia não se perde por pontos abertos de energia e poros. Aqueles que vivem no hemisfério norte é melhor sentar na direção leste ou sul, onde o sol geralmente está. Quem está no hemisfério sul deve sentar olhando o leste ou norte.

✓Qigong

Qigong, olu chi kung/chi gung, é um tipo de exercício feito de movimentos gentis, que são repetidos várias vezes, geralmente aumentando o movimento de fluídos (linfa, sinovial e sangue) e alonga o corpo. Ao aprender e praticar uma meditação qigong, você descobrirá que ela é associada a movimentos internos e externos. Na China, estes fluxos ou movimentos são chamados de poder interno, ou "neigong". Esses movimentos fazemc da prática um fortalecedor da saúde e longevidade. Além disso, os movimentos internos ajudam muito a diferenciar o qigong da maioria dos outros tipos de exercício no Ocidente, que são normalmente centrados em movimentos cardiovasculares prolongados (como pedalar e correr) ou que concentram no desenvolvimento da força muscular (como levantamento de peso).

Os benefícios do quigong são evidentes no impacto benéfico que teve no povo da China por milhares de anos. O sujeito do taoísmo é desenvolver o ci, ou a força da vida, qu é a filosofia e religião original da China. Na verdade, os taoístas são os introdutores do conceito de yin e yang, manipulação óssea, medicina herbal chinesa, e acupuntura para o mundo. O problema é que até recentemente, as especificidades dessas tremendas contribuições foram escondidas do conhecimento ocidental por imensas barreiras linguísticas e culturais. No que diz respeito à acupuntura, essas barreiras estão começando a ser quebradas, mas a situação é relativamente a mesma no caso do qigong. A contribuição mais popular do qigong é na prevenção ou alívio de complicaçõe crônicas de saúde. Algumas das doenças em que o qigong tem atuado mais incluem doenças físicas gerais, problemas de articulação e coluna, dor no nervo, má circulação, enfermidades em órgãos internos e câncer.

Qigong e claridade mental

A maioria dos problemas físicos geralmente tem stress emocional ou mental oculto. Assim, o significado de desenvolver tranquilidade interior através do qigong não pode ser super enfatizado. Praticar qigong pode ajudar a lidar com confusão geral, pensamentos mórbidos, depressão, raiva e stress que enchem sua mante quando você não tem um chi equilibrado e regulado. Quando você ofrtalece e equilibra a energia da sua mente, ela ajuda a melhorar sua capacidade de perceber pequenas nuances e ver o mundo em um nível continuamente progressivo de complexidade. Na verdade, falhar em se envolver em quanquer forma de prática de desenvolvimento de energia pode impedi-lo de adquirir essas habilidades.

Os 3 tesouros espirituais do taoísmo

Qigong também pode ajudá-lo em um nível espiritual. Todas as práticas internas do taoísmo objetivam a transição química da mente, corpo e espírito para criar harmonia com o Tao. Quando você consegue experimentar a energia do seu corpo, torna-se possível compreender a energia dos seus sentimentos e pensamentos, que levam a uma compreensão da energia do seu espírito. Nesse ponto, você pode então entender completamente a energia do vazio ou meditação. E o vazio torna possível unir com o Tao.

O taoísmo sugere que todos consistem de três tesouros: shen (poder espiritual ou espírito), chi (energia) e jing (a essência do seu corpo físico, ou energia do ovário/esperma). Wu, que é basicamente vazio, é a origem e o conector dos três tesouros.

A energia universal da vida é empregada pelos taoístas como a fundação da investigação espiritual. Criar harmonia com o Tao, que é o alvo ideal, tem recebido muitos nomes, incluindo "entendimento final", "alcançar o Nirvana", "encontrar o Pai nos céus" e "iluminação". Os taoístas acreditam que a melhor abordagem é começar com a energia do seu corpo, e então seguir para seus pensamentos e emoções, antes de progredir para o poder espiritual e, finalmente, se tornar unificado com o Tao. Acredita-se que, ao alcançar um estado de vazio, não há retorno. Entretanto, este não é o caso. Você simplesmente se torna cada vez mais consciente deste estado, e lentamente aprende a passar cada vez mais tempo lá. Enquanto você for dependente de um corpo físico, você sempre terá necessidades físicas, e não é possível mergulhar inteiramente no vazio.

Você deve praticar o qigong apenas se estiver interessado em se tornar fisicamente saudável em vez de conquistar benefícios espirituais ou psicológicos. Na verdade, artistas marciais tem usado qigong por gerações, e muitos deles não estavam interessados em desenvolvimento espiritual. Em todo caso, toda meditação espiritual taoísta começa com qigong, independente do nível de realização que você deseje alcançar em longo prazo.

Limpando bloqueios de energia

A iluminação é geralmente o foco da maioria das pessoas associadas a disciplinas espirituais, em que elas acabam machucando seus corpos e agitando suas almas. O erro comum que elas cometem é tentar alcançar as disciplinas espirituais avançadas sem limpar as barreiras energéticas em seus corpos emocionais e físicos primeiro. Assumir essa abordagem pode levar a uma espécie de curto circuito no seu sistema, considerando o fato de que práticas espirituais podem produzir mais poder que sua mente ou corpo podem suportar. Na verdade, muitos monges tiveram de buscar a ajuda de mestres taoístas na tentativa de reparar o dano causado em seus sistemas por técnicas de meditação excessivamente poderosas. Esta é a razão pela qual o qigong é usado como um exercício preparatório para a meditação taoísta. Chi gung pode ajudar a melhorar sua saúde, limpar bloqueios de energia, fortalecer seus nervos, e acalmar emoções negativas. Entretanto, praticar o qigong sozinho não é o suficiente para limpar e resolver bloqueios espirituais e emocionais severos, que estão profundamente integrados à sua consciência.

Qigong era desenvolvido principalmente para ajudar a reduzir a tensão e manter as pessoas saudáveis. É praticado por pessoas de todas as religiões e conviccões espirituais. Embora qigong seja baseado no taoísmo, você não necessariamente precisa acreditar ou aprender sua filosofia para praticar.

Os taoístas tem praticado técnicas para fortalecimento do chi por mais de 5 mil anos. Hoje os eles são hesitantes em declarar que praticam o qigong, preferindo fazê-lo silenciosamente, em privado. A Europa e os Estados Unidos são atualmente invadidos por seitas. Em geral, as pessoas que praticam qigong fazem o possível para não serem associadas à identificação de seita. A prática gira em torno de beneficiar sua vida. O desafio é que o qigong pode produzir alguns efeitos poderosos, e suas técnicas foram incorporadas por certas seitas para atraír seguidores. A China é bem familiarizada com o fenômeno das seitas, que foram consideradas não essenciais no que diz respeito ao desenvolvimento da consciência e evolução humana. O qigong era usado pelos taoístas para tornar a mente mais equilibrada e clara, o corpo mais saudável, as emoções mais quietas, e para melhorar capacidades espirituais.

Como praticar
Método 1:
*Encontre o ponto de equilíbrio do seu corpo
Este ponto é geralmente encontrado entre seu coração e o umbigo. Fique em pé ou sente-se. Mantenha seu corpo alinhado em uma linha central: o peso do corpo sobre seus quadris, a cabeça alinhada à sua coluna. Encontre seu centro estável, e mantenha o equilíbrio ao mover os braços sobre sua cabeça, para trás ou para frente. Sinta-se conectado à terra com o seu corpo centrado e imerso, e seus pés plantados solidamente no solo. Tente relaxar enquanto centraliza e alinha todo o

corpo. Em sua prática, em si mesmo, faça terra e céu um só, alinhados e conectados.

*Concentre seus olhos em seu corpo

Com os olhos alerta, foque sua atenção em práticas qigong, ou simplesmente desvie sua atenção para um único pensamento. Você precisa fazer o máximo dos seus olhos enquanto pratica qigong, de modo a alcançar um excelente estado mental. Seus pensamentos serão conduzidos por seus olhos, enquanto sua mente será construída por seus pensamentos. Você também pode envolver o terceiro olho para alcançar os portões sensoriais do Tao, suas experiências, sentido, seu discurso, e seu corpo.

*Cabeça erguida

Sua cabeça deve manter uma postura para o alto. Mantenha-a erguida e alinhada com a coluna. Você pode fazer alguns exercícios para ajudar a manter sua coluna torácica, percoço e músculos da cabeça flexíveis, coordenados e fortes. Fique alerta, e erga as orelhas e cabeça. Erga sua cabeça para o céu, alinhe-a sobre sua cabeça e pescoço, e deixe os ombros caírem, relaxados. Isso será eficiente para alcançar lentamente o chi. Agora, olhe para a frente, e tente ficar por inteiro no momento presente – esteja alerta, com um sorriso suave, permaneça, focado, com a cabeça erguida, e concentre-se como pedido.

*Equilibre sua mente

Aquiete sua mente, livre-se de pensamentos irrelevantes e desequilibrados, e olhe para o chi espiritual. Puxe suas energias fundamentais (Ki, Prana, Qi) para o centro de equilíbrio. Então continue o qigong durante a meditação.

A meditação qigong pode ser mais adequada para pessoas que gostariam de incorporar mais energia em suas meditações. Se você acha a meditação sentada insuportável, e gostaria de algo mais ativo, considere experimentar alguns dos tipos de qigong mais animados.

Método 2:

Método: pararealizar esta forma de meditação, adote a posição de lótus e sente com a coluna ereta.

Em seguida, imagine uma bola de ar puro vinda da altura do estômago e que se move para o coração, depois para o cérebro e volta para o coração e o estômago. Ela segue circulando dentro de si até você se sentir completamente relaxado.

Você pode fazer isso duas vezes ao dia, 10 minutos por vez.

Meditação Cristã

O propósito da meditação nas tradições orientais (daoísmo, jainismo, budismo, hinduísmo) é geralmente transcender a mente e obter iluminação. Na tradição cristã, por sua vez, o propósito é alcançar uma compreensão mais profunda da Bíblia e alcançar purificação moral. Ou, em outras palavras, conquistar uma maior intimidade com Cristo/Deus.

Exemplos de práticas contemplativas cristãs incluem:

*Sentar com Deus – esta é uma meditação silenciosa que é geralmente marcada por leitura ou contemplação, na qual você foca todo o seu coração, mente e alma na presença de Deus.

*Leitura contemplativa – esta pode ser simplesmente chamada contemplação, e envolve desenvolver um estado de pensamento profundo sobre os eventos e ensinamentos na Bíblia

*Oração contemplativa – geralmente envolve repetição silenciosa de frases ou palavras sagradas, com devoção e foco.

Meditação envolve acalmar a mente, relaxar o corpo, superar pensamentos discursivos e ir mais fundo. Normalmente, a ideia é alcançar um estado profundo de consciência, ou se sentir além de sua mente.

A meditação se encaixa na categoria de prática contemplativa, outra categoria ampla. Outros tipos incluem visualização, leitura inspiracional, e oração. Alguns teólofos consideram a meditação como diferente de oração, enquanto outros acreditam no oposto. Aqueles que encontram diferença alegam que a meditação é direcionada para dentro, enquanto a oração é direcionada para objetos externos. Exceto pelas diferenças na visão de mundo e intenção, o conceito da oração contemplativa é bastante relacionada à meditação mantra hindu. Além disso, sentar com Deus tem semelhança com algumas formas de bhakti yoga. Generalizando, a leitura contemplativa é mais uma prática contemplativa do que uma meditação porcausa do envolvimento do raciocínio discursivo e pensamento. No entanto, é interessante perceber que antes dos estudos de filosofia oriental fossem popularizados, o termo meditação era usado para se referir à contemplação, enquanto a prática de leitura contemplativa era simplesmente chamada de meditação.

Práticas contemplativas são diferentes de outras meditações principalmente porque elas exigem uma crença e visão de mundo Cristã, e são fundamentadas na Bíblia.

✓*Oração contemplativa*

Há duas correntes primátrias para esse movimento. Uma envolve centrar a oração – às vezes chamada de oração de respiração ou oração de escuta – e foi relacionada a populares monges trapistas. Por outro ládo há a meditação cristã, que pode remeter a John Main, um monge beneditino irlandês que foi apresentado à meditação mantra por um swami hindu enquanto servia na Malásia.

*Selecione uma palavra sagrada, baseada na tradição cristã, por exemplo amor, misericórdia, Abba, Maria, Jesus, Pai ou Senhor. Maranata, que significa ora vem, Senhor, é uma palavra aramaica frequentemente usada.

*Recite a palavra sagrada repetidamente entre dez e trinta minutos. Você não deve repeti-la apenas mecanicamente, mas com conteúdo emocional e foco. Cada repetição precisa soar como uma oração.

*Se você se distrair por pensamentos ou emoções, traga de volta gentilmente sua mente para a palavra sagrada escolhida

A meditação cristã pede a repetição contínua da palavra sagrada durante a prática da meditação. De acordo com John Main, você deve manter seu foco na palavra, em vez das emoções ou pensamentos que surgem.

Cristã Ortodoxa Ocidental (Hesicasmo)
Hesicasmo, também conhecida como a oração de Jesus, é um tipo de oração contemplativa que pode remeter ao período dos Pais do Deserto, onde prevaleciam a extrema pobreza e escassez. Benedito de Núrsia, um monge do século V, contribuiu muito para o desenvolvimento dessa prática. Seu lema era orar e trabalhar ou *ora et labora*. Outros contribuintes importantes foram John Cassian e Evagrius Ponticus.

O procedimento para praticá-lo é similar aos passos na meditação cristã e oração centrada. A frase usada para a repetição é a principal diferença, bem como diferenças na teologia no que concerne a prática. Além disso, ela vem com instruções específicas para harmonizar a oração com a respiração.

Como fazer:
*Selecione uma das frases recomendadas.

*Repita a palavra sagrada escolhida entre dez e trinta minutos. Você não deve repetir mecanicamente apenas, mas com conteúdo emocional e foco. Cada repetição deve soar como uma oração.
*Quando perceber pensamentos ou sentimentos surgindo, gentilmente leve sua atenção de volta à palavra sagrada

LectioDivina
Esta é literalmente traduzida como leitura divina ou palavra divina, e consiste em escolher uma pequena passagem da escritura, a memorizando e então recitando silenciosamente por alguns minutos. Durante a prática, permita que todas as imagens, pensamentos e ideias conectadas à passagem se desenvolvam espontaneamente em sua mente. É algo entre oração contemplativa e leitura contemplativa. Além da repetição silenciosa, alguns praticantes também incorporam visões da vida de Jesus, entre outras histórias bíblicas na tentativa de estabelecer uma experiência mais ativa.

✓ *Leitura contemplativa*

Há aproximadamente vinte citações da palavra meditação ou meditar na Bíblia, com a maioria deles no livro dos Salmos. De acordo com as escrituras, a meditação é usada para se referir à reflexão, ponderação, e pensar profundamente. Assim, este tipo vde prática contemplativa demanda a leitura de extratos dos Santos Cristãos, ou da Bíblia, e pensar progundamente sobre o significado de cada palavra. Ela emprega suas faculdades de imaginação e reflexão com o objetivo de ampliar seu relacionamento pessoal com Deus, que é a marca da comunhão cristã.

✓**Sentar na presença de Deus**
Tendo alcançado um nível mais profundo de leitura contemplativa ou oração contemplativa, você se encontrará em um estado de contemplação silenciosa, na qual a mente discursiva está quieta, e você experimenta um profundo senso de estar em harmonia com o Senhor. Contemplação discursiva envolve engajar sua mente e imaginação, entre outras faculdades na tentativa de compreender

sua relação com Deus Esta atividade é encurtada em contemplação silenciosa, que é o porque da contemplação ser chamada de "um amor silencioso" ou um "olhar de fé". Você também pode praticar esse estado de rendição silenciosa em um nível consciente, concentrando todo o seu coração, mente e alma ao pensamento do Senhor, e o senso da presença intrínseca de Deus.

Como fazer:

*Comece com alguns minutos de leitura contemplativa ou oração contemplativa. Isso será efetivo em acalmar e unificar sua mente. Como alternativa, você pode passar alguns minutos praticando atenção plena ou respiração.

*Tendo terminado a leitura ou oração, concentr-se na presença de Deus e Sua superioridade, com toda sua mente, coração e alma. Você deve experimentar um sentimento de rendição. Aquiete-se pacificamente nessa abertura silenciosa.

*Caso descubra pensamentos ou emoções invadindo, gentimente as incorpore em sua meditação, e apresente-as a Deus.

Por outro lado, você pode se concentrar em outros aspectos da vida cristã, por exemplo no sentimento de gratidão, a paixão de Cristo, a sensação de deslumbramento pela grandeza de Deus, ou simplesmente o amor. Sinta-se livre para experimentar e descobrir o que é eficiente no seu coração.

Alguns teólogos chamam esses estados como "contemplação intuitiva", "alta contemplação" e "contemplação infundida". É basicamente um dom sobrenatural que permite a sincronização de sua mente e vontade com Deus.

Meditação guiada

A meditação guiada é simplesmente um fenômeno. Ela oferece um caminho mais fácil para iniciar a meditação, e há diversas meditações guiadas baseadas nas diferentes tradições explicadas acima. Para praticar a meditação, você precisa de um alguma força de vontade e determinação. Pessoas que se engajaram em meditação no passado mostraram mais compromisso com ela, e tiveram ideais poderosos aumentando sua motivação. Suas vidas eram mais simples e tinham menos distrações.

Entretanto, os tempos mudaram, e a vida moderna se tornou mais ocupada. É muito menos comum ver pessoas com força de vontade determinada. Há distrações por todo canto, e as pessoas normalmente buscam a meditação como um meio de melhorar a performance, melhorar a si mesmo, ou desenvolver melhor saúde. Assim, a meditação guiada pode ser uma ótima maneira de se ensinar a prática. À medida que se acostuma com isso, e gostaria de seguir para o próximo nível, é aconselhável considerar a meditação sem ajuda deáudio. Entretanto, só você pode decidir sobre dar esse passo. Você pode pensar em meditação guiada como cozinhar usando uma receita. É uma ótima forma de aprender a cozinhar uma determinada comida, mas ao ter alguma prática com os sabores e os princípios básicos, você pode cozinhar sem usar a receita. O benefício adicional é que você pode prover um sabor diferente e único, adequado para você. Depois disso, a receita não será mais necessária.

Como praticar

Normalmente, a meditação guiada é encontrada em forma de áudio (CD, podcast, arquivo), com alguns vindo em vídeo e áudio. Entretanto, todas as meditações guiadas podem ser classificadas em uma das seguintes categorias:

*Imagem guiada – esta utiliza os poderes de visualização e imaginação da sua mente, e guia você a imaginar uma jornada, cenário, entidada ou um objeto. Normalmente, o propósito é relaxamento ou cura.

*Meditações tradicionais – estes tipos de áudio vem com a voz de um professor para guiar ou ilustrar a direção do seu foco, de modo a alcançar um estado meditativo. É caracterizada por mais silêncio do que fala, praticamente sem música. O objetivo é normalmente melhorar a prática em si, além dos benefícios associados a ela.

*Afirmações – estas são normalmente combinadas com criação guiada de imagens e relaxamento, sendo o propósito codificar uma mensagem na sua cabeça.

*Relaxamento e escaneamento corporal – estas são eficientes em realizar um relaxamento profundo em todo sue corpo. Normalmente vem com sons da natureza ou música instrumental relaxante. Estas são chamadas na yoga de yoga nidra. O objetivo é alcançar calma e relaxamento.

*Bits binaurais – estas foram inicialmente descobertas por um físico conhecido como Heinrich Wilhelm Dove em 1839. Ele percebeu que quando sinais de duas frequências diferentes eram apresentadas separadamente aos ouvidos, uma para cada ouvido, o cérebro detecta uma variação de fase e tenta reconectar a diferença entre as duas frequências. Este conceito é aplicado na generação de ondas alfa, a onda cerebral ligada aos estágios iniciais de meditação.

Ao passo que todas essas técnicas têm suas próprias vantagens, a meditação guiada é o primeiro tipo de meditação que mais naturalmente se metamorfoseia em prática única não guiada. Se você acha as meditações convencionais um pouco difíceis demais, ou não está certo de por onde começar, você vai achar a meditação guiada um ótimo lugar para começar. Além disso, você pode selecionar dos numerosos tipos diferentes de meditação guiada se está procurando um benefício ou experiência em particular, como lidar com um trauma, melhorar sua autoestima ou simplesmente relaxar alguma tensão de seu corpo.

Técnicas revigorantes de meditação
    Visualização

A visualização é uma técnica meditativa que é extremamente terapêutica. É considerada como tendo profundos poderes curativos e pode fazer maravilhas para seus praticantes.

Método: para realizar esta técnica, você pode sentar na posição de lótus ou se reclinar em uma cama ou sofá. A ideia é ficar tão confortável quanto possível.

Em seguida, feche seus olhos e respire profundamente algumas vezes. Mantenha

um sorriso no rosto e deixe seu pensamento fazer toda a meditação.
Imagine que você está dormindo em um campo largo com grama fresca sob si e um céu azul sobre sua cabeça. Todo seu stress o deixou e você está se sentindo completamente relxadado.
Você também pode pensar em outros cenários relaxantes, enquanto isso o relaxe completamente e o faça se sentir rejuvenecido.

Meditação hipnótica
Hipnose refere-se a se mandar para um estado de transe que pode ser autoinduzido ou induzido por outra pessoa. Este méodo é considerado como auxiliar para superar todas as coisas ruins na vida e permanecer calmo e pacífico.
Método: para realizar esse tipo de meditação, encontre um canto quieto; você pode sentar ereto ou em uma posição reclinada.
Tenha música relaxante tocando ao fundo. Você pode então lentamente viajar em um trase, fazendo uso do seu subconsciente. Agora diga a si mesmo que todo seu stress

e tensões o deixaram e nunca mais voltarão para sua vida.

Se você está fazendo isso com um hipnotizador profissional, ele ou ela o guiarão por isso. Apenas certifique-se de que está consultando um profissional de boa reputação e faça uma busca rápida online.

É melhor que faça essa forma de meditação uma vez por semana.

Meditação cardíaca

A meditação cardíaca refere-se a conectar seu coração e sua mente. Acredita-se que os dois estão sempre interconectados e é importante que se mantenha a conexão. Esta técnica também é tida como auxiliar para obter paz mental e emocional.

Método: para realizar esta técnica, você deve assumir a posição de lótus ou sentar em uma cadeira.

Agora posicione sua mão direita no coração e feche os olhos. Lentamente inspire e expire. A cada vez que inspirar, imagine que a bola de ar está alcançando seu coração. Está ajudando em bombear sangue fresco e o sangue fresco viaja para seu cérebro. A bola de ar recolhe todas as impurezas do seu coração e mente e sai pelo seu nariz.

Você pode fazer isto todo dia, por 10 minutos.

Estes são os vários tipos de práticas meditacionais que você pode iniciar. Pode seguir na tentativa e erro e decidir qual se adequa melhor a você. Você pode também realizar duas ou mais delas, mas tome cuidado para não exagerar.

Capítulo 7: Saindo da Meditação

Após cada sessão de meditação, é sempre importante se dar tempo suficiente para voltar ao 'normal' do estado meditativo. Na verdade, a forma como você sai da meditação é tão importante quanto o processo. Aqui estão algumas ideias de como sair adequadamente do estado meditativo:

Para iniciantes, certifique-se de que você está totalmente consciente de que quer terminar a sessão de meditação em breve. A ideia aqui é ter certeza de que deu ao corpo tempo suficiente (de alguns segundos a um ou dois minutos deve ser suficiente) antes de levantar de onde você está pode ajudar a mudar a marcha do modo de cura para sua marcha normal.

Tente fazer alguns movimentos pequenos como um suspiro, então espere por alguns momentos antes de repetir os mesmos movimentos por alguns segundos. Isto pode enfim ajudá-lo a sentir seu metabolismo começando a acelerar.

Comece abrindo um pouco os olhos, feche-os em um instante, e então tente perceber seus sentimentos internos. E se precisar, pode deixar escapar um leve suspiro, então siga abrindo seus olhos. Não os abra completamente; você pode olhar para baixo para começar, então para adiante de si por alguns momentos.

Agora você pode abrir totalmente seus olhos e sentar por alguns segundos (aproximadamente 30) enquanto aproveita o humor e as sensações.

Tente se engajar em rituais de fechamento
Ao meditar, é sempre importante desenvolver alguns rituais de fechamento para fazer a transição para o mundo 'real' com facilidade. Para fazer isso, você pode tentar usar seus braços, ou suas mãos para ajudar o subconsciente a entrar e sair da meditação com facilidade. Por exemplo, tente abrir seus braço lentamente, então tente trazê-los de modo que suas mãos repousem sobre seu coração. Volte a abrir seus braços e os traga para repousar em sua barriga.

Nota: Certifique-se de fazer apenas movimentos mínimos que ajudam a integrar o interior e o exterior. De qualquer forma, haverão momentos em que um ritual para sair da meditação não será necessário, especialmente se você está meditando por um curto tempo, como um ou dois minutos. Mas se está meditando por 10-20 minutos ou mais, você deveria ter o objetido de dedicar aproximadamente 1 minuto para se orientar para cada 5 minutos que passa meditando. Essensialmente, você precisará de 2 minutos para cada 10 de meditação.

Capítulo 8: Praticando a Meditação Diariamente

No capítulo anterior, observamos algumas das melhores práticas meditativas para experimentar e neste, lemos sobre como você pode fazer da meditação um hábito permanente. Às vezes pode ser importante planejar sua prática meditativa para ajudá-la a se manter. Isso pode ser feito seguindo as seguintes rotinas.

Tenha uma agenda

Sempre tenha uma agenda definida no que diz respeito à prática de meditação. Você deve definir um horário e local e certificar de estar lá todos os dias na hora. Você pode manter um lembrete no seu celular ou instalar um aplicativo que lembre você de meditar. Você também pode instruir um membro da família a lembrá-lo caso você esqueça. Este esquecimento será alarmante nos dias iniciais e assim, será importante você lembrar e meditar, na hora, todo dia.

Prepare-se

A próxima coisa a ser feita é se preparar comprando todos os equipamentos necessários. Embora a meditação possa ser feita em qualquer lugar, é melhor fazê-la do jeito prescrito. Para se preparar completamente, você pode comprar um tapete (tapete de yoga serve) alguns CDs de música relaxante, algumas velas de aromaterapia, uma figura de uma visão relaxante como um cenário ou Buda. Se você acha que vai precisar de algo mais além disso, você pode comprar essas coisas também mas certifique-se de que não vai gastar muito dinheiro e compre apenas o essencial.

Disciplina
A próxima coisa a ser entendida é que você deve ter muita disciplina. Você não pode iniciar com uma atitude casual e deve convencer sua mente a se dedicar inteiramente à prática da meditação. Você não deve nunca levá-la na brincadeira e sim colocar seus melhores esforços para ajudar o hábito a permanecer.

Atmosfera
Sempre crie a atmosfera correta quando você decide realizar a yoga. Você não dee sentar em qualquer lugar que goste e

pensar que será capaz de realizar meditação pacífica.

Você deve primeiramente encontrar um canto quieto, onde não há ninguém e nenhum som. Se é um lugar ruidoso, sua mente ficará divagando e você não conseguirá realizar a meditação pacificamente.

O próximo aspecto deve ser o ar na sala. O ar precisa ser limpo e puro, livre de poluição. Você pode sentar em seu jardim ou algum lugar onde há muitas plantas. Você também pode manter algumas plantas em seu quarto ou sala.

Em terceiro lugar, você deve ter música relaxante tocando ao fundo. Esta música precisa ser calmante e pode ser tanto o som de uma cachoeira quanto o piar dos pássaros ou qualquer tipo de música clássica calmante.

Por fim, você deve se certificar de que acendeu algumas velas aromáticas para adicionar à sua experiência. Alguns dos melhores aromas para ajudá-lo a relaxar incluem lavanda, rosa e sândalo. Se você não tem velas, pode queimar incenso.

Desconectar
Ao sentar para meditar, é essencial se afastar de todas as distrações. Uma das principais distrações é o seu celular, e você deve ter certeza de tê-lo desligado e o guardado antes de sentar para meditar. Você também deve desligar a televisão e qualquer outra distração. Se precisar, você pode dar o telefone para alguém e pedir que o atendam por você. Você deve também checar outros aspectos como uma chama aberta na cozinha ou algo que possa ser ligado e desligado antes de parar, para não ter de levantar e fazê-lo no meio do exercício.

Assento
No que diz respeito ao assento, é melhor sentar no chão e não ter suporte nas costas. Assim, você consegue alongar as costas e a coluna vertebral. Mas se não pode fazê-lo, você pode sentar em uma cadeira com encosto alto.

Você também pode sentar em um sofá ou cama, contanto que não façam você se sentir sonolento e é melhor não se reclinar, a não ser que esteja no método de visualização.

Progresso
Uma das melhores maneiras de manter controle da sua rotina e se manter motivado (a) é manter um relatório de progresso. Você pode escrever tudo o que acha que está errado com você no início e registrar novamente depois de poucos dias para ver quanta diferença a meditação está fazendo. Você deve lembrar de manter o registro e não esquecer dele. É essencial manter um diário ou anotar em um formato digital em seu telefone, tablet ou computador. Também, nunca compare seu progresso com o de outros. Às vezes você pode estar a frente e às vezes eles podem estar, mas você deve sempre permanecer firme.

Parceria
Uma boa forma de permanecer firme é iniciar a prática com um(a) parceiro(a). Seu par pode ser seu marido/esposa, companheiro(a), melhor amigo(a), irmão, irmã, mãe etc. Qualquer pessoa interessado em iniciar a meditação e

derivar seus benefícios será um bom par. Uma das maiores vantagens de ter um parceiro é que, ambos vão se manter motivados e não vão se permitir abandonar o exercício.

Expectativas

No que diz respeito a expectativas, é importante que você as tenha rasoáveis. Se você tiver expectativas impossíveis, certamente vai se desapontar. Quando começar, é importante perceber que você não conseguirá voar ou se tornar a pessoa mais rica. Meditação é uma forma de prática que deve trazer disciplina, sem dúvida, mas também tem seus próprios limites. Você também deve ter expectativas razoáveis com o tempo que vai levar para ver os resultados e pode variar de uma semana a um mês dependendo de quão dedicado você seja.

Nunca pare!

Por fim, você não deve parar nunca. Ao iniciar a meditação, você deve continuar com dedicação até torná-la um hábito permanente. Não é algo que você começa e desiste facilmente. Você deve assumi-la como uma mudança de estilo de vida e seguir com ela pelo resto da vida.

Capítulo 9: Superando os desafios

Ao passo que o livro foi bastante abrangente sobre meditação, acho que você ainda pode experimentar alguns desafios aqui e ali que podem facilmente dificultar a meditação e o roveito dos benefícios que você sempre quis. Vamos dar uma rápida olhada em alguns dos desafios:

Uma mente inquieta

Como eu já disse, não espere que sua mente esteja limpa de pensamentos; ela está sempre correndo com pensamentos infinitos que você deve descobrir como evitar se quiser se apegar ao exercício da meditação. Uma forma de restaurar seu foco é contar suas respirações começando de 0 a 7 ou 10. Quanto mais você implementa seu exercício de meditação, mais fácil será para focar e superar o desafio.

Uma postura errada

Postura é tudo na meditação. Se você não a tem corretamente, não pode ficar confortável e com isso, significa que você não estará em condição de manter os pensamentos distratores à distância. Então como superar o desafio? Eis como: simplesmente sente confortavelmente enquanto suas costas estão eretas – pode ser no chão ou em uma almofada ou uma cadeira (verifique o capítulo sobre postura para mais detalhes). Então feche seus olhos e escaneie o corpo inteiro mentalmente para se livrar de qualquer tensão muscular desnecessária conscientemente, já que isso ajuda a trazer grande relaxamento. Enquanto faz isso, certifique-se de visualizar cada área do seu corpo relaxando – pode começar com a cabeça, e siga até chegar à ponta dos pés, então volte para a cabeça. Tente fazer pelo menos 10 minutos deste exercício para otimizar os resultados.

Inabilidade de concentrar em um único objeto

Como em toda meditação que implica em concentrar em um objeto de meditação, isso não acontece com facilidade. Mas se você chega o estado ótimo de meditação, ou seja, relaxamento, você perceberá que sua respiração torna-se mais agradável e fácil enquanto sua concentração é facilitada, o que por sua vez pode ajudar a meditar por períodos mais longos com desconforto mínimo. E fazendo isso, você terminará eliminando todos os impedimentos.

Conclusão

Agradeço mais uma vez a você por ter baixado este eBook e espero que você tenha tido um bom momento o lendo. O principal objetivo de escrever este livro foi educar você na importância de manter uma rotina regular de meditação para unir seu mente, corpo e alma.

Só assim você será capaz de levar uma vida tranquila e manter as várias doenças mentais e físicas à distância.

Espero que o livro inspire você a começar a meditar e torná-la um estilo de vida.

Desejo sorte com a sua empreitada. Boa sorte!

www.ingramcontent.com/pod-product-compliance
Lightning Source LLC
Chambersburg PA
CBHW072005070526
44583CB00015B/1339